0
5
STALLBURGGASSE
HABSBURGERG.
REITSCHULGASSE
AUGUSTINERSTRASSE
ALBERTINAPLATZ
HANUSCHG.
GOETHEGASSE
OPERNRING
ING
22
39
43
24
38
20
53
32
5
7
6
37
2
42
34
9
19
26
14
35
1
47
4
28
13
12
46
18
17
55
29
57
50
52
10
56

R. H. K.

Richard H. Kastner

Glanz und Glorie

Richard H. Kastner

Glanz und Glorie

Die Wiener Hofburg unter Kaiser Franz Joseph

Mit 112 Abbildungen,
5 Stockwerksgrundrissen
und einem Baualtersplan der
Wiener Hofburg

Amalthea

Bildquellen

Aus dem Bildarchiv der ÖNB Wien sind die Bilder auf den Seiten 10, 11, 15, 17, 21 links, 30, 31, 33, 37, 40 links, 42, 43, 58, 59, 62, 63, 65, 67, 68, 69 unten, 70, 71, 73–75, 77, 97, 102–106, 108, 109, 125, 128, 129, 131–133, 135, 137, 142, 143

Der Autor dankt an dieser Stelle den Damen und Herren des Bildarchivs herzlich für die Mühe, mit der sie ihm die Unterlagen besorgten.

Die übrigen Bildvorlagen sind im Besitz des Autors, von dem auch die 5 Stockwerksgrundrisse und der Baualtersplan der Hofburg auf dem Vor- und Nachsatzblatt gezeichnet sind.

Umschlagbild: Das Arbeitszimmer mit dem Schreibtisch des Kaisers

Besuchen Sie uns im Internet unter:
http://www.amalthea-verlag.de

Umschlaggestaltung: agentur-feedback.de
Herstellung und Satz: VerlagsService Dr. Helmut Neuberger
& Karl Schaumann GmbH, Heimstetten
Gesetzt aus der 11/14,4 Punkt Sabon
Druck und Binden: Officin Andersen Nexö Leipzig
Printed in Germany
ISBN 3-85002-510-1

Inhalt

Kaiser Franz Joseph I. (18. August 1830, Wien – 21. November 1916, Wien), ältester Sohn von Erzherzog Franz Karl und Erzherzogin Sophie, geborene Prinzessin von Bayern. Von 1848 bis zu seinem Tod war er Kaiser von Österreich, seit 1867 auch gekrönter König von Ungarn. Das hier wiedergegebene Gemälde von Franz Xaver Winterhalter entstand im Jahre 1865.

Einführung

Über Kaiser Franz Joseph gibt es unzählige Publikationen. Auch seine Familie, vor allem Kaiserin Elisabeth, stand immer wieder im Mittelpunkt literarischer Bemühungen. Doch kaum ist es bisher unternommen worden, das Leben und Wirken des Kaisers im Rahmen seines weit über 1000 Personen umfassenden Hofstaates darzustellen, was hier mit Verwendung bisher unveröffentlichter Dokumente aus dem Besitz des Verfassers geschieht.

Zunächst wird der im Laufe von Jahrhunderten entwickelte Organismus des Hofstaates in seinem Aufbau und in seiner Funktionsweise dargestellt, ein Organismus, der dem Kaiser erst die Erfüllung seiner Aufgaben ermöglichte. Dazu kam, daß der Ablauf der Geschehnisse durch das Hofzeremoniell in einer dem Hof eines Herrschers über ein großes Reich entsprechenden einzigartigen Form geregelt war. Dieses Zeremoniell wird in seinen vielfältigen Erscheinungsformen dargestellt. Nicht zuletzt fanden sich bei den Nachforschungen nach dem einstigen Leben in der Hofburg die Namen von Persönlichkeiten, die kaum mehr bekannt sind oder deren Wirken im Rahmen des Hofstaates kaum mehr bekannt ist. Wer waren sie, was war ihre Aufgabe, wo und wie haben sie in der Hofburg gewohnt? Darauf soll das Buch Antwort geben. Wir stoßen dabei auf Angehörige des Kaiserhauses, die wir in der Wiener Hofburg nicht vermuten, wie Erzherzog Johann. Wir erfahren von Musikern, von kaiserlichen Architekten, Bildhauern und Malern, die in der Hofburg und für die Hofburg wirkten. Wir hören von den Aufgaben der Leibgarden und von der besonderen Stellung der Leibärzte bei Hof. Wir lernen die Gemächer, in denen der Kaiser und seine Familie lebten, in ihrer Lage in der Hofburg und in ihrer ursprünglichen Einrichtung kennen. Wir gehen den heute noch gebräuchlichen Namen alter Stiegen und Gänge nach wie Zehrgadenstiege oder Fräuleingang. Wir erleben im Geiste den Tagesablauf der Burghauptwache aus der Schilderung eines Generalmajors, der als junger Hauptmann eine Wachkompanie befehligte und dann an der Tafel des Kaisers saß. Wir verbringen mit Kaiser Franz Joseph den letzten Tag des alten Hofburgtheaters. Nicht zuletzt erfahren wir von den beiden rauschenden Ballfesten, die der Kaiser jährlich in der Hofburg gab: den Hofball und den Ball bei Hof.

Der Hofstaat des Kaisers

Die Bezeichnung Hof hatte verschiedene Bedeutungen. Die ursprüngliche war wohl eine örtliche, wobei das Wort den Wohnsitz, die Burg oder das Schloß bezeichnete, in dem der Fürst mit Familie und Dienerschaft wohnte. Zu dieser örtlichen kam im Laufe der Zeit die persönliche Bedeutung. Als Personenbegriff im engeren Sinne ist der Hof die Gesamtheit der Mitglieder des Herrscherhauses und mithin gleichbedeutend mit diesem Herrscherhaus. In der Regel wurde Hof aber im weiteren Sinn als Bezeichnung für das Herrscherhaus samt dem zur Bedienung und Besorgung der sonstigen Hausinteressen bestellten Dienst- und Verwaltungspersonal gebraucht. In diesem Sinne ist das Wort Hof eine Übertragung der ursprünglichen örtlichen Bedeutung auf alle *am Hofe* wohnenden, in der *Hofgemeinschaft* lebenden Personen.

Der Hofstaat Kaiser Franz Josephs beruhte im wesentlichen auf den Hofordnungen Kaiser Ferdinands I. aus den Jahren 1527 und 1537. Darin wurden die Haus- und Hofverwaltung und der zeremonielle Ehrendienst organisch in vier Hofstäben zusammengefaßt: Obersthofmeister-Stab, Oberstkämmerer-Stab, Obersthofmarschall-Stab und Oberststallmeister-Stab. An der Spitze eines jeden Hofstabes stand einer der obersten Hofchargen, die dem Kaiser unmittelbar untergeordnet waren: der Erste Obersthofmeister, der Oberstkämmerer, der Obersthofmarschall und der Oberststallmeister.

Außerhalb der Hofstäbe standen die Geheimen Räte und die Kämmerer. Die Geheimen Räte waren ursprünglich die höchsten und intimsten Berater des Kaisers in allen wichtigen Regierungs-, Haus- und Hofsachen. Sie waren Würdenträger des Hofes, ausgezeichnet durch den Titel *Exzellenz*, durch die Hoffähigkeit und den besonderen Rang bei Hoffeierlichkeiten. Die Geheimen Räte folgten dem Obersthofmeister, der kraft seines Amtes die erste Stelle bei Hof einnahm.

Die Kämmererwürde war eine Hofwürde und wurde vom Kaiser verliehen. Aufgaben des Kämmerers waren die Einholung neuernannter Botschafter auswärtiger Staaten zur Antrittsaudienz beim Kaiser zwecks Überreichung des Beglaubigungsschreibens sowie die Teilnahme an den Feierlichkeiten in der Karwoche und zu Fronleichnam. Der Kämmerer war *hoffähig* und rangierte gemäß der Hofrangordnung bei Hoffeierlichkeiten unmittel-

Eine feierliche Eröffnung des Reichsrates im Zeremoniensaal durch den Kaiser, dargestellt von Artur Halmi. Abgeordnete und andere Würdenträger des Staates sind um den aus diesem Anlaß errichteten Thron versammelt. Unter den anwesenden Mitgliedern des Kaiserhauses befindet sich der Thronfolger Erzherzog Franz Ferdinand.

bar nach den Geheimen Räten. Neben dem Kaiser hatten die einzelnen Mitglieder des Kaiserhauses – im Jahre 1912 waren es 33 Erzherzoge und Erzherzoginnen – ihren eigenen Hofstaat oder ihre eigene Kammer mit entsprechendem Personal.

Das Hofzeremoniell

Von großer Bedeutung bei Hof war das Zeremoniell. Kaiser Karl V. (1500 bis 1558) hatte das spanische Hofzeremoniell nach Wien gebracht. Kaiser Franz Joseph legte großen Wert auf die Einhaltung des Hofzeremoniells, das ihn vor Zufälligkeiten im Ablauf der Geschehnisse bewahrte. Zu seiner Zeit wurde es unter anderem bei folgenden Anlässen angewandt: Audienzen verschiedener Art, Empfänge bei Hof, Galadiners und Hoftafeln, Hofbälle und Bälle bei Hof, Kirchengänge und Fronleichnamsprozessionen, Neujahrsgratulationen, Vermählungsfeierlichkeiten, feierliche Taufen, Feierlichkeiten für verstorbene Mitglieder des Kai-

Besuch von Kaiser Wilhelm II. in Wien. Am 14. April 1896 bringt ihn Kaiser Franz Joseph vom Südbahnhof im Leibwagen à la Daumont in die Hofburg. Das Bild zeigt den Wagen auf der Schwarzenbergbrücke, die bis zur Einwölbung des Wienflusses bestand. Links hinten die ebenfalls nicht mehr bestehende Heumarktkaserne, daneben der Rennweg, rechts davon das Palais Schwarzenberg und dahinter das Untere Belvedere.

serhauses, Eidesleistungen beim Kaiser, Renunziationen, feierliche Eröffnung oder Schließung des Reichsrates, Empfänge fremder Fürsten sowie Krönungen und Huldigungen. Das Zeremoniell betraf die beizuziehenden Personen, die beizuziehenden Hofehrendienste und Garden, die Rangordnung im Sitzen, Stehen und Gehen, weiter Kleidung, Schmuck und Adjustierung sowie die Form der einzelnen Verrichtungen. War bei einem bestimmten Geschehnis, beispielsweise anläßlich des Besuches eines ausländischen Herrscherpaares, die Anwesenheit der Kaiserin erforderlich, die viel auf Reisen war und 1898 auf einer Reise den Tod fand, so hatte sie die ranghöchste Erzherzogin zu vertreten. Das war von der Vermählung bis zum Tod Kronprinz Rudolfs dessen Gemahlin Kronprinzessin Stephanie, danach Erzherzogin Maria Theresia, die dritte Gemahlin des Kaiserbruders Erzherzog Karl Ludwig und nach dessen Tod 1896 Erzherzogin Maria Josepha, die Mutter des letzten österreichischen Kaisers. Das Zeremoniell wurde vom

Besuch des Zaren Nikolaus II. mit Gemahlin Alexandra Feodorowna in Wien. Das Bild vom 27. August 1896 zeigt den vierspännigen Wagen mit Kaiserin Elisabeth und der Zarin auf dem Wege vom Nordbahnhof in die Hofburg. Der Wagen fährt über den Praterstern und biegt eben in die Praterstraße ein. Davor hatte Kaiser Franz Joseph mit dem Zaren den Praterstern passiert. Im Hintergrund rechts ist der nicht mehr bestehende Nordbahnhof zu erkennen.

Ersten Obersthofmeister bestimmt, dem das Zeremoniell-Departement unterstand. Für die regelmäßig wiederkehrenden Anlässe war das Zeremoniell bereits im voraus in den bestehenden Ordnungen festgelegt. Eine solche beispielsweise für die Antrittsaudienz eines befreundeten Botschafters zeigt, wie dem Zeremoniell unterliegende Vorgänge bis ins kleinste geregelt waren. Damit waren die formalen Entscheidungsmöglichkeiten selbst des Kaisers sehr eingeengt, andererseits hat das Hofzeremoniell die formvollendete Abwicklung dieser Vorgänge ermöglicht.

Für außerordentliche Anlässe wie Vermählungsfeierlichkeiten, Krönungen und Empfänge fremder Fürsten wurde das Zeremoniell von Fall zu Fall mit *Zirkular, Zeremoniell und Programm* angeordnet. Franz Joseph hat im Laufe der Jahrzehnte zahlreiche fremde Fürsten in Wien empfangen. Diese Besuche, wiewohl sie nach außen meist als Freundschaftsbesuche erschienen, sind doch im Zusammenhang mit den jeweiligen militärischen und politischen wie auch dynastischen Verhältnissen in Europa zu sehen. Zar Nikolaus I. von Rußland kam im Mai 1852 nach Wien, König Friedrich Wilhelm IV. von Preußen gleichzeitig mit dem König der Belgier Leopold I. im Mai 1853. Friedrich Wilhelm IV. besuchte Franz Joseph nochmals im Juni 1857 in Wien, sein Nachfolger König Wilhelm I. im August 1864. Dieser kam dann als Kaiser Wilhelm I. im Oktober 1873 anläßlich der Weltausstellung nach Wien, die seine Gemahlin Kaiserin Augusta schon im Juni gleichen Jahres besucht hatte. Im Juni 1873 kam auch Zar Alexander II. zur Weltausstellung. Im Mai 1881 war der König der Belgier Leopold II. anläßlich der Vermählung seiner Tochter Stephanie mit Kronprinz Rudolf in Wien. Besonders oft besuchte Kaiser Wilhelm II. den österreichischen Kaiser, und zwar im Oktober 1888 und im Oktober 1890 mit anschließendem gemeinsamem Besuch der steierischen Jagdreviere Franz Josephs, weiter im Oktober 1892, im April 1896, im April 1897, im September 1903, im Juni 1906, mit Kaiserin Auguste Viktoria im Mai 1908, im Mai 1909 und abermals mit der deutschen Kaiserin im März 1911. Im September 1879 kam Otto Fürst Bismarck nach Wien, im August 1896 und im September 1903 Zar Nikolaus II. In das 20. Jahrhundert fallen auch die Besuche des englischen Königs Eduard VII. im August 1903 sowie des rumänischen Königspaares Carol I. und Elisabeth im Juni 1905.

Die fürstlichen Gäste des Kaisers kamen im allgemeinen mit militärischem und höfischem Gefolge sowie Dienerschaft. Schon auf dem für den Gast besonders geschmückten Bahnhof erwies eine Ehrenkompanie die militärischen Ehren. Der Kaiser selbst erwartete mit seinem Gefolge den Gast am Bahnhof. Kam dieser in Begleitung seiner Gemahlin, dann begab sich auch die Kaiserin oder in ihrer Abwesenheit

Beeidigung des zum Geheimen Rat ernannten Herrenhausmitgliedes und Präsidenten des Kuratoriums des technischen Gewerbemuseums Wilhelm Exner am 28. Oktober 1909 vor dem Kaiser in dessen Audienzzimmer.

die stellvertretende Erzherzogin zur Begrüßung auf den Bahnhof. Nach dieser und der wechselseitigen Vorstellung des Gefolges ging die Fahrt im Wagen nach der Burg, wo den Gast, falls er ohne Gemahlin eintraf, die Kaiserin oder die stellvertretende Erzherzogin und die übrigen Damen der kaiserlichen Familie auf der Galerie der Adlerstiege empfingen. Von den Obersthofmeistern und Obersthofmeisterinnen umgeben boten die Damen in ihren einfachen, doch kostbaren Toiletten, ihrem freundlichen Lächeln unter den die Treppe schmückenden Blumen- und Pflanzengruppen dem Ankommenden einen überaus erfreulichen Eindruck. Je nach der Dauer des Aufenthaltes des Besuches war das Programm zusammengestellt. Viel Zeit nahmen die Besuche der einzelnen Mitglieder des Kaiserhauses in Anspruch, die vom Gast erwidert wurden.

Als Beispiel für die Anwendung des Hofzeremoniells seien zunächst zwei Fürstenhochzeiten angeführt. Die wohl eindrucksvollste und auch bedeutungsvollste Hochzeit der Zeit Kaiser Franz Josephs hat die Hofburg am 24. April 1854 erlebt. Es war seine eigene Vermählung mit Herzogin Elisabeth in Bayern. Der Brautzug, wie er sich durch die Gänge der Kaiserburg nach der Augustinerkirche bewegte, bot ein einmaliges, überwältigendes Bild: die Geistlichkeit in glänzendem Ornat mit goldenem Kreuz auf dem Atlas, die Palastdamen im *Runden Kleid* (Krinoline), die Würdenträger des Reiches in goldbestickten Uniformen, die ordensgeschmückten Generäle mit ihrem Federbusch, die Mädchen in duftigen Kleidern, die Frauen in großer Toilette mit schimmerndem Familienschmuck. Die Zöglinge der Militärakademie Wiener Neustadt bildeten begeistert Spalier. Am Ende des Zuges schritten die Allerhöchsten Herrschaften, voran Elisabeth, geführt von ihrer Mutter. Die Trauung vollzog Fürsterzbischof Kardinal Rauscher. Danach ging es in den Zeremoniensaal, wo Franz Joseph die nunmehrige Kaiserin zu ihrem Thronsessel führte, der dem seinen zur Seite stand. Hier und anschließend im Ritter-

Drei der insgesamt 16 Hof-Wäscheverwahrerinnen in der Hofwäschekammer, die etwa 65 000 Wäschestücke aufbewahrte. Die Reinigung der Wäsche erfolgte in dem im Prater gelegenen Hofwäschehaus, wo einer Aufseherin und einer Hofwäscherin 21 Gehilfinnen unterstanden. Die Leibwäsche der Mitglieder des Hofes verwahrten die Kammerdiener und Kammerfrauen, denen auch die Garderobe anvertraut war. Die Wäschekammer war zunächst im Parterre des Reichskanzleitraktes der Hofburg und sodann im Parterre der Amalienburg untergebracht, wo der Name Wäscherstiege für die Stiege, die im Bereich der Wäschekammer nach oben führte, heute noch an die Hofwäschekammer erinnert.

saal wurden Glückwünsche in unendlicher Folge entgegengenommen.

Eine Fürstenhochzeit mit besonderer Prachtentfaltung war auch die der Erzherzogin Marie Dorothea mit dem Herzog von Orléans im November 1896. An die kirchliche Zeremonie in der Augustinerkirche schloß ein Galadiner im Zeremoniensaal. Am Tag vor der Vermählung fand um die Mittagsstunde in der Geheimen Ratsstube in Anwesenheit der kaiserlichen Familie, ihres Gefolges und der höchsten Reichswürdenträger wie bei allen dem kaiserlichen Hof angehörigen Bräuten der feierliche staatsrechtliche Akt der Renunziation statt, mit dem die Braut für sich und ihre Nachkommen auf die Thronfolgerechte verzichtete.

Bei der Ernennung hoher geistlicher und weltlicher Würdenträger wie neuer Mitglieder des kaiserlichen Hofstaates oder Minister nahm der Kaiser selbst den Eid der Treue entgegen. Sobald die kaiserliche Bestimmung über einen in die Hände des Monarchen abzulegenden Eid dem Obersthofmeisteramt mitgeteilt worden war, erfolgten unter gleichzeitiger Anordnung der Aufstellung des Garde- und Saaldienstes vom Hofzeremoniell-Departement die Ansagen an den zu beeidenden Würdenträger, ferner an die bei der Feier Mitwirkenden, insbesondere an den zur Verlesung der Eidesformel bestimmten Beamten. Die Mitwirkenden waren je nach Rang und Stand des zu Beeidenden verschieden. Bei der Eidesablegung eines Geheimen Rates beispielsweise

Erster Obersthofmeister des Kaisers von 1866 bis 1896: General der Kavallerie Constantin Fürst Hohenlohe-Schillingsfürst (8. September 1828, Wildegg – 14. Februar 1896, Wien), Kämmerer, Mitglied des Herrenhauses des österreichischen Reichsrates. Er hatte sein Büro – das Alte Fürstenbüro – zunächst im Mezzanin der Amalienburg und dann – das Fürstenbüro – im Mezzanin des Reichskanzleitraktes unter den Räumen des Kaisers.

assistierten dem Kaiser der Oberstkämmerer sowie der Minister des kaiserlichen und königlichen Hauses und des Äußeren, während ein Hof- oder Ministerialrat die Eidesformel verlas. Die Mitwirkenden erschienen in Dienstuniform, der zu Beeidende in Gala. Die Eidesformel eines Einzelnen nahm nicht viel Zeit in Anspruch, und doch widmete der Kaiser im Laufe eines Jahres viele Stunden nur dieser einen Regierungstätigkeit, da kaum ein Monat verging, in welchem nicht Personalveränderungen in der staatlichen Verwaltung wie auch im militärischen und kirchlichen Bereich eine Beeidigung erforderten.

Die Hofstäbe

Der Erste Obersthofmeister war der höchste Würdenträger am Hof. Er gehörte zur ständigen unmittelbaren Umgebung des Kaisers, insbesondere bei allen in Gegenwart des Kaisers stattfindenden Feierlichkeiten. Kraft seiner Würde in den Beziehungen persönlicher und höfischer Art war er der Repräsentant des Kaisers. So gehörte es zu seinen Aufgaben, zu Gast kommenden fremden Fürsten entgegenzufahren. Er hatte aber nicht nur repräsentative und zeremonielle Aufgaben, sondern auch solche in der Verwaltung. Dafür standen ihm insbesondere zur Verfügung: das Hofzeremoniell-Departement mit dem Hofzeremonielldirektor an der Spitze, der eines der heikelsten Hofämter bekleidete, das Departement für Reiseangelegenheiten, das Departement für Uniformierungsangelegenheiten und die Hofwäschekammer, weiter das Hofbau-Departement, das Hofrechnungs-Departement, das Hofzahlamt, das die Pensionen an ehemalige Hofbedienstete, deren Witwen und Waisen auszahlte, das k.k. Post- und Telegraphenamt Wien-Hofburg, weiter die Leib- und Hofärzte, die Hofapotheke, die Burghauptmannschaft in Wien, die Hofgartenverwaltung der Hofburggärten, der Oberstküchenmeister sowie die Generalintendanz der Hoftheater. Schließlich war der Erste Obersthofmeister Oberst sämtlicher Leibgarden. Im Jahre 1937 hat ein *Urbanus*, dem offenbar die Verhältnisse am Wiener Hof gut bekannt waren, eine aufschlußreiche Erinnerung an den letzten Obersthofmeister Kaiser Franz Josephs, den Fürsten Montenuovo veröffentlicht, die Einblick in den Kernbereich des Hofstaates gibt und in der Folge auszugsweise wiedergegeben wird: »Der Fürst Montenuovo war ein großer Herr, ein ganz großer. Und dennoch umgab ihn eine gewisse Popularität. Sein Name war im damaligen Wien jedermann geläufig. Es war der Name des ersten Hofkavaliers, des Obersthofmeisters Seiner Majestät, eines Mannes demnach, der viel zu sagen hatte und dem wichtige Entscheidungen vorbehalten waren. Der Erste Obersthofmeister des Kaisers war eine sehr wichtige Persönlichkeit. Das wußte man in den Präsidialzimmern der Ministerien, in den Salons der adeligen Palais und in den Bürgerhäusern. Was wird der Montenuovo dazu sagen? Darauf kam es bei einer stattlichen Reihe von Fragen an und es waren durchaus nicht immer Fragen, die an der Oberfläche der Dinge blieben, es gab unter ihnen auch genug Fragen, die einschneidende Bedeutung hatten.

Erster Obersthofmeister des Kaisers von 1909 bis 1916: Alfred Fürst Montenuovo (16. September 1854, Wien – 6. September 1927, Wien). Er war Enkel der Tochter von Kaiser Franz II. (I.) Marie Louise aus deren morganatischer Ehe mit Adam Albert Graf Neipperg. Alfred Fürst Montenuovo wurde 1896 Obersthofmeister von Erzherzog Otto, dem Vater des letzten österreichischen Kaisers Karl I. Als Obersthofmeister des Kaisers bezog er das seinerzeit von Obersthofmeister Hohenlohe-Schillingsfürst verwendete Fürstenbüro im Mezzanin des Reichskanzleitraktes.

Man macht sich heute vielleicht keinen rechten Begriff mehr davon, was für eine Machtstellung der Erste Obersthofmeister des Kaisers eigentlich einnahm und wie weit sein Einfluß reichte. Es war ein umfangreicher Wirkungskreis, ein Arbeitsgebiet, das sich in divergierenden Richtungen erstreckte und das daher eine große Beweglichkeit, eine rasche Umstellungsfähigkeit voraussetzte, wenn es in gedeihlicher Weise betreut sein sollte. Der Fürst Montenuovo verfügte über die erforderliche Beweglichkeit des Geistes und über jene Geschmeidigkeit, die ihn befähigte, überall nach dem Rechten zu sehen. Zudem war er mit Tatkraft geladen. Er kümmerte sich um alles und jedes. Das machte seine Stärke aus, das gab seiner Position einen Inhalt, der die bloße Repräsentation weit hinter sich ließ und dem Fürsten eine Unangreifbarkeit gesichert hätte, wie sie ihm bereits durch das unerschütterliche Vertrauen seines kaiserlichen Herrn verbürgt war. Denn Franz Joseph hielt auf ihn große Stücke. Der Fürst Montenuovo war Persona gratissima, und nur zwei andere Diener des Kaisers, der Generaladjutant Graf Paar und der Chef des Generalstabes und spätere Gardekapitän Graf Beck, konnten sich ähnlicher allerhöchster Gunstbeweise rühmen wie der Fürst. Das sagt wohl alles. Franz Joseph, auf Unnahbarkeit bedacht, ging mit seiner Gnade sehr sparsam um.

Franz Joseph schätzte in Montenuovo den untadeligen Kavalier, die starke

Persönlichkeit von allerfeinster Kultur, den pflichtbewußten Beamten und nicht zuletzt wohl auch den Mann, in dessen Adern gleichfalls Habsburgerblut rollte. Denn Montenuovos Großmutter war die Erzherzogin Marie Louise, die Tochter des Kaisers Franz, die in erster Ehe mit Kaiser Napoleon vermählt war und in zweiter Ehe mit dem Grafen Adam Albert Neipperg. Der Name Neipperg, der *neu Berg*, wurde später sinngemäß italienisiert, in Montenuovo verwandelt und zugleich die Rangerhöhung in den Fürstenstand vollzogen. Es war also ein Mann von sehr erlauchter Herkunft, der in der letzten Zeit Franz Josephs am kaiserlichen Hof zu Wien als Hüter der Traditionen des Erzhauses seines schwierigen Amtes waltete und als die Verkörperung der spanischen Etikette galt. Es stimmt, er hielt an den strengen Formen dieser Etikette fest, aber nicht aus phantasieloser Engherzigkeit und auch nicht aus Pedantentum. Fürst Montenuovo gehörte nicht zu den sogenannten Schranzen. Wenn er um die strenge Einhaltung der Etikette besorgt war, dann geschah es, weil er in ihr das Rahmengesetz der Majestät erblickte, weil sie die geregelten Bahnen wies, weil sie die verläßlichste Form war und die unentbehrliche Distanz schuf. Und er wurde, dies ist wichtig, von der Etikette nicht beherrscht, er war ihr Herr. So respektierte man in ihm die markanteste Persönlichkeit des kaiserlichen Hofstaates, den Mann mit dem geraden Rückgrat und der starken, sehr starken Hand, die überall zu spüren war.

Seinem Leben fehlten die großen Ereignisse und aufwühlenden Konflikte, die problematischen Situationen und die Krisen. Mit untrüglichem Blick wußte er immer, was zu tun war, und so ging dieses Leben ruhig, geradlinig und in vollendeter Vornehmheit dahin. Es war ein Leben im Dienste des Hauses Habsburg. In der Annexionskrise des Jahres 1878 meldete er sich freiwillig zum Dienst in der Linie und machte den bosnischen Feldzug als Ordonanzoffizier des 13. Armeekorps mit, in Erinnerung daran, daß auch sein Vater ein tapferer Soldat gewesen war, der sich die höchste militärische Auszeichnung, den Maria-Theresien-Orden, erkämpft hatte. Im Jahre 1896 wurde er zum Obersthofmeister des Erzherzogs Otto ernannt, in welcher Stellung er jedoch nur zwei Jahre wirkte. Im Jahre 1898 rückte er zum Zweiten Obersthofmeister des Kaisers vor, und als später der Erste Obersthofmeister Fürst Rudolf Liechtenstein erkrankte, wurde er dessen Nachfolger. Von da an bis zum Ableben Kaiser Franz Josephs stand der Wiener Hof im Zeichen des Fürsten Alfred Montenuovo. Als Franz Josephs Sarg die Stufen zur Kapuzinergruft hinuntergetragen wurde, da wußte der Fürst, daß er nicht nur seinen kaiserlichen Herrn verloren hatte, er wußte auch, daß der Sinn und Zweck seines eigenen Lebens dahin war. Im Februar 1917, kaum ein Vierteljahr nach dem Hinscheiden Franz Josephs, bat er um seinen Abschied.«

Zwei Einrichtungen des Obersthofmeisterstabes beherbergte die Hofburgkapelle, und zwar die k. und k. geistliche Hofkapelle und die Hofmusikkapelle. Letztere wird an anderer Stelle beschrieben. Die geistliche Hofkapelle, die den Kirchen- und Seelsorgedienst besorgte, unterstand dem Hof- und Burgpfarrer – im Jahre 1912 war das Bischof Laurenz Mayer. Ihm zur Seite standen ein Hofprediger – damals der bekannte Universitätsprofessor für Kirchenrecht Dr. Cölestin Wolfsgruber – und fünf Hofkapläne. Am Karsamstagabend ging in Anwesenheit von Mitgliedern des Kaiserhauses von der Hofburgkapelle aus eine Auferstehungsprozession, die zur Kammerkapelle und wieder zurück führte.

Dem Oberstkämmerer war ursprünglich der Kammerdienst zugeteilt. Er hatte nicht nur die Aufsicht über Wohnung, Garderobe und Mobiliar des Monarchen, sondern auch über die in den kaiserlichen Gemächern befindlichen Kostbarkeiten. Im Laufe der Zeit bildete sich das Amt immer mehr zum Verwalter der Sammlungen des Hofes mit deren Anwachsen aus, insbesondere des Habsburgisch-Lothringischen Hausschatzes, der Kunsthistorischen Sammlungen des Kaiserhauses und der Hofbibliothek. Das Obersthofmarschallamt war mit Rechtsfragen des Hofstaates befaßt. Dem Oberststallmeister schließlich unterstanden – über die Hofburg hinausgehend – der Hof-Marstall, die Sattel-, Harnisch- und Rüstkammer, die Wagenburg, die Hofreitschulen, die Hof-Zugställe, das Hof-Fourage-Magazin und die Hofgestüte.

Generaladjutant des Kaisers von 1848 bis 1859: Karl Ludwig Graf Grünne (25. August 1808, Wien – 15. Juni 1884, Baden bei Wien). Er war seit 1828 im Militärdienst, in dem er 1850 bis zum Feldmarschalleutnant aufstieg. Unmittelbar nach der Kaiserkrönung 1848 ernannte ihn Franz Joseph noch in Olmütz zu seinem Generaladjutanten.

Für die Beamten der vier Hofstäbe bestand eine einheitliche Rangeinteilung, mit der auch die Höhe des Gehaltes geregelt war. Nach einem Erlaß von 1897 hatte der Erste Hofrat und Kanzleidircktor des Obersthofmeister-

Generaladjutant des Kaisers von 1859 bis 1867: Feldzeugmeister Franz Graf Folliot de Crenneville (22. März 1815, Ödenburg – 22. Juni 1888, Gmunden).

Generaladjutant des Kaisers von 1867 bis 1874: Generalmajor August Graf Bellegarde (10. Dezember 1826 – 12. Jänner 1886, Kairo).

amtes – damals war es der als Sparmeister bekannte Franz Freiherr von Wetschl – in der 4. Rangklasse ein Jahresgehalt von 7000 Gulden zuzüglich 3000 Gulden Quartiergeld. In der 5. Rangklasse bezogen der Direktor der Hofbibliothek sowie die Hofräte und Kanzleidirektoren des Oberstkämmereramtes, des Obersthofmarschallamtes und des Oberststallmeisteramtes ein Gehalt von 5000 Gulden zuzüglich 1200 Gulden Quartiergeld und 1000 Gulden Quinquenalzulage. Zur 6. Rangklasse mit 3200 Gulden Jahresgehalt, 800 Gulden Quartiergeld und zwei Quinquenalzulagen von je 400 Gulden gehörten vom Obersthofmeisterstab der Hofzeremonielldirektor, der Hofzahlmeister, der Hofapothekendirektor und der Burghauptmann. In der 11. und letzten Rangklasse schließlich betrug das Gehalt 800 Gulden zuzüglich 300 Gulden Quartiergeld und drei Trienalzulagen zu je 100 Gulden.

Generaladjutant und Vorstand der Militärkanzlei des Kaisers von 1889 bis 1916: General der Infanterie Arthur Freiherr von Bolfras (14. April 1838, Sachsenhausen bei Frankfurt a.M. – 9. Dezember 1922, Baden bei Wien). Er nahm an den Feldzügen in Oberitalien 1859 und 1866 teil. Seine Wohnung lag im Mezzanin des Michaelertraktes der Hofburg.

Generaladjutant des Kaisers von 1888 bis 1916: Generaloberst Eduard Graf Paar (5. Dezember 1837, Wien – 1. Februar 1919, Wien). Als Generaladjutant Franz Josephs hatte er als dessen ständiger Begleiter wie seine Vorgänger Einfluß auf Ansichten und Entscheidungen des Kaisers. In der Hofburg wohnte er im Mezzanin des Leopoldinischen Traktes.

Hiezu gehörten die Hofapotheken-, Rechnungs- und Hofwirtschaftsassistenten des Obersthofmeisterstabes. Zum Vergleich sei der Preis der Regiestunde eines Bauarbeiters mit etwa 0,20 Gulden angeführt. Eine allgemeine Altersbegrenzung war im Hofdienst nicht vorgesehen. So versah der Leibkammerdiener Josef Hornung bis zum 80. Lebensjahr 1894 seinen Dienst beim Kaiser, der Hofbriefträger Gürtler feierte nach 40 Jahren Hofdienst 1896 seinen 85. Geburtstag im Dienst, und der Kaiser selbst hat mit 86 Jahren bis wenige Stunden vor seinem Tod am 21. November 1916 gearbeitet.

Die Kabinettskanzlei des Kaisers

Die Kabinettskanzlei war eine Kanzlei unmittelbar bei der Person des Kaisers. Ihr Wirkungsgebiet erstreckte sich auf die Geschäfte der Zivilverwaltung, dagegen nicht auf jene der Militär- und der Hofverwaltung. Im einzelnen oblag der Kabinettskanzlei die Unterbreitung der zur persönlichen Kenntnisnahme des Monarchen bestimmten Eingaben von Zivilbehörden und Privatpersonen, die Ausfertigung und Hinausgabe der Allerhöchsten Entschließungen und sonstigen Kundgebungen des Kaisers. Durch die Kabinettskanzlei wurde auch das Audienzwesen, somit der unmittelbare Verkehr des Kaisers mit der Bevölkerung vermittelt. Zu den von der Kabinettskanzlei zu besorgenden Geschäften gehörten jährlich mindestens sechstausend ministerielle und Hofvorträge, fast vierundzwanzigtausend Bittschriften, dann die Anmeldung zu den Audienzen, in welchen in der Regel zweimal wöchentlich je 80 bis 100 Personen vom Kaiser empfangen wurden, die ordnungsgemäße Austeilung der vom Kaiser aus seiner Privatkasse bewilligten zahlreichen Unterstützungen und die zum Versenden des Geldes erforderliche Korrespondenz. Endlich war der notwendige persönliche Verkehr mit tausenden Personen abzuwickeln.

Die Militärkanzlei des Kaisers

Die Militärkanzlei war ein Hilfsorgan Franz Josephs in der Ausübung seiner militärischen Kompetenzen. Ihr gehörten an ein Generalmajor, zwei Oberstleutnants des Generalstabskorps, ein Fregattenkapitän, ein Hauptmann des Generalstabskorps sowie zehn Zivilpersonen. Vorstand der Militärkanzlei des Kaisers war 1912 Generaladjutant General der Infanterie Arthur Freiherr von Bolfras.

Die General- und Flügeladjutanten

Schon Ende des 17. Jahrhunderts kommen Generaladjutanten mit Generals- oder Stabsoffiziersrang als Adjutanten des Feldherrn vor, ebenso Flügeladjutanten, so genannt, weil sie Befehle des Feldherrn an den Flügel der Armee überbrachten oder dem General, der einen solchen Flügel kommandierte, beigegeben waren. Die Generaladjutanten Franz Josephs waren Offiziere im Generalsrang, die das Vertrauen des Kaisers genossen und so auch Einfluß auf dessen Überlegungen und Entscheidungen gewinnen konnten. Sie waren Vorgesetzte der Flügeladjutanten, deren Auswahl sie trafen. Generaladjutanten waren 1912 der General der Kavallerie

Leibkammerdiener des Kaisers Friedrich Spannbauer. Theo Zasche hat ihn beim Anrichten des Déjeuners, des zweiten Frühstücks, gezeichnet, das dem Kaiser in seinem Arbeitszimmer serviert wurde.

Eduard Graf Paar und General der Infanterie Arthur Freiherr von Bolfras, Chef der Militärkanzlei des Kaisers. Flügeladjutanten waren im Jahre 1912 Oberst Karl Fürst Weikersheim, Oberstleutnant Arthur Graf von Manzano, Major Heinrich Graf Hoyos, Fregattenkapitän Nikolaus Horthy de Nagy-Bánya, der spätere ungarische Reichsverweser, und Major Ludwig Wallerschek von Wallfeld. Generaladjutant Paar hatte einen eigenen Flügeladjutanten, den Obersten Albert Ritter von Margutti.

Die Kammer des Kaisers

Dazu gehörten vor allem die Leib-Kammerdiener. Neben Eugen Ketterl waren Ludwig Egger, Rudolf Rottner, Georg Rukowansky, Friedrich Spannbauer und Raimund Zrunek bekannte Namen. Dazu kamen ein Hof-Kammertürhüter, zwei Hof-Saaltürhüter, zwei Leibbüchsenspanner, zwei Hausdiener und eine Kammermagd.

Ein Bild von der Stellung eines kaiserlichen Leib-Kammerdieners mag der Inhalt eines Briefes geben, den ein hochbetagter Teilnehmer zweier Hofburg-Sonderführungen des Verfassers diesem danach schrieb. Er berichtet darin unter anderem: »Mein Vater, er starb Ende 1916, war geschäftsführen-

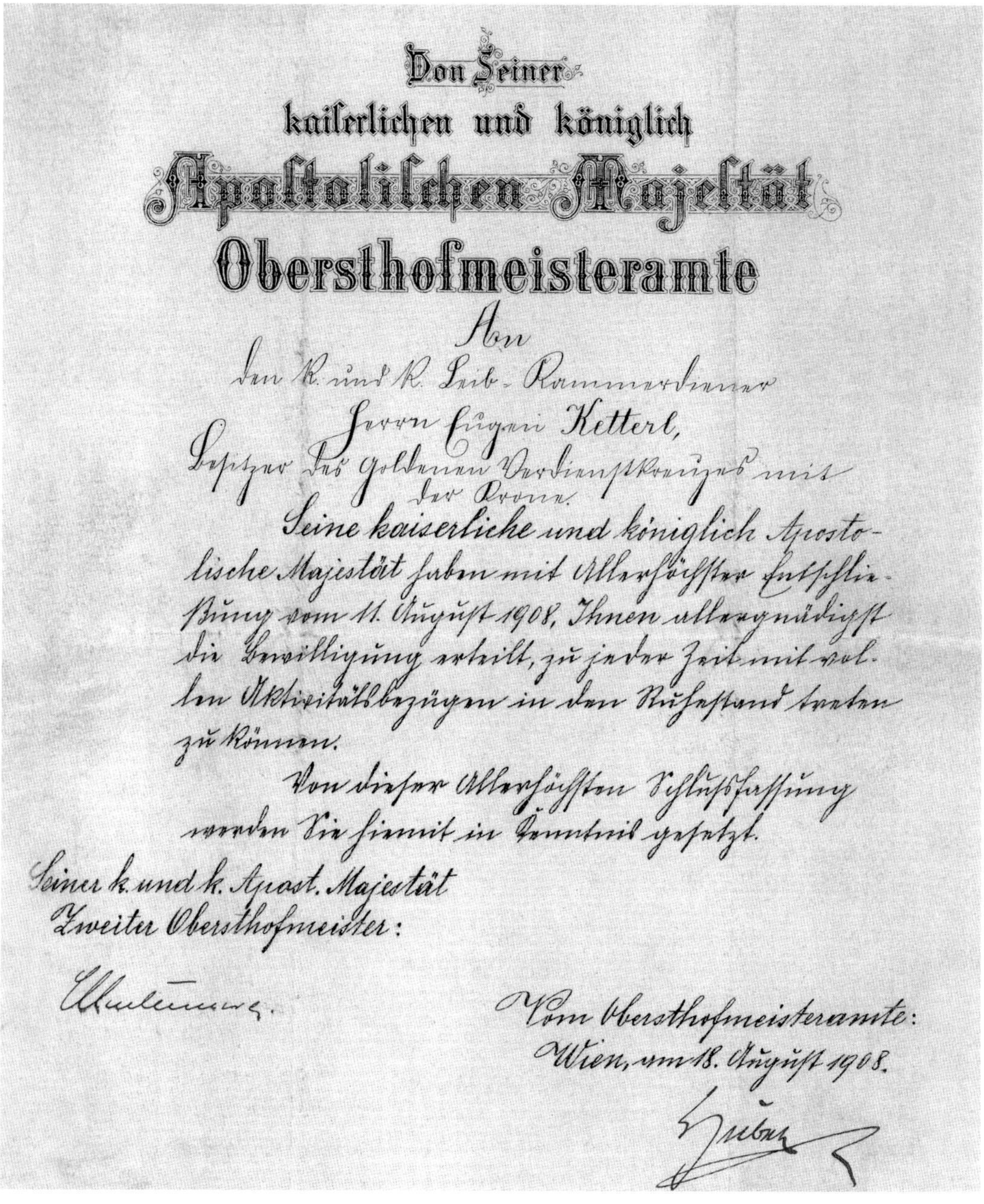
Von Seiner
kaiserlichen und königlich
Apostolischen Majestät
Obersthofmeisteramte

An
den k. und k. Leib-Kammerdiener
Herrn Eugen Ketterl,
Besitzer des goldenen Verdienstkreuzes mit
der Krone.

Seine kaiserliche und königlich Apostolische Majestät haben mit Allerhöchster Entschließung vom 11. August 1908, Ihnen allergnädigst die Bewilligung erteilt, zu jeder Zeit mit vollen Aktivitätsbezügen in den Ruhestand treten zu können.

Von dieser Allerhöchsten Schlussfassung werden Sie hiemit in Kenntnis gesetzt.

Seiner k. und k. Apost. Majestät
Zweiter Obersthofmeister:

Vom Obersthofmeisteramte:
Wien, am 18. August 1908.

Ein Dokument des Obersthofmeisteramtes. Dieses teilte darin am 18. August 1908, dem 78. Geburtstag Franz Josephs, dem Leibkammerdiener Eugen Ketterl mit, er könne zu jeder Zeit mit vollen Aktivitätsbezügen in den Ruhestand treten. Gleiches wurde auch den anderen Leibkammerdienern zugestanden. Ketterl machte davon nicht Gebrauch und verblieb beim Kaiser bis zu dessen Todesstunde. Er bezog ein Jahresgehalt von 4000 Kronen. Zum Vergleich lag damals der Preis der Regiestunde eines Bauarbeiters bei 0,80 Kronen.

Leibkammerdiener Eugen Ketterl (Zweiter von links) mit Frau Louise (rechts sitzend) und Tochter Elisabeth (links sitzend) in seiner Wohnung im 2. Stock der Amalienburg, die über dem Appartement von Kaiserin Elisabeth lag.

der Prokurist des Hof- und Kammerjuweliers A. E. Köchert am Neuen Markt, damals 45 Mitarbeiter zählend, führender Juwelier des 56-Millionen-Reiches. Kammerdiener Ketterl war oft wertvollste Schmuckstücke für Seine Majestät und den Hof abholen bei meinem Vater, der ihm diese ausfolgte. Vater beschrieb uns neugierigen Kindern Ketterl nicht unter der landläufigen Vorstellung eben eines Dieners, sondern durchaus als der eines Herrn, als eines solchen mit sehr gewinnenden und sicheren Manieren und vorzüglichem Auftreten, der seine außerordentliche Vertrauensstellung nicht im geringsten betonte.«

Die Generaldirektion der Privat- und Familienfonds des Kaisers

Sie wurde 1824 zur Verwaltung des kaiserlichen Privat- und Familienvermögens geschaffen, eine Aufgabe, die bis dahin dem Oberstkämmereramt oblag. Ihr unterstand auch die Privat- und Familien-Fideikommißbibliothek.

Die Leibgarden

In der letzten Regierungszeit Franz Josephs bestanden sechs *Leibgarden seiner Majestät des Kaisers und Königs*. Von diesen waren zwei Offiziersgarden, bei denen nur Offiziere im Dienst standen, und vier Mannschafts-(Unteroffiziers-)Garden in der folgenden Rangordnung.

Offiziers-Leibgarden oder Nobelgarden waren
- die k.k. Erste Arcièren-Leibgarde
- die königl. ungarische Leibgarde

Unteroffiziers-Leibgarden waren
- die k.k. Trabanten-Leibgarde
- die königl. ungarische Trabanten-Leibgarde mit Standort Budapest
- die k. und k. Leibgarde-Reiter-Eskadron
- die k. und k. Leibgarde-Infanterie-Kompanie.

Zu obigen Bezeichnungen der Garden ist folgendes zu erklären:

Die Donaumonarchie war seit 1867 in eine österreichische und eine ungarische Reichshälfte geteilt. Es gab zwei Parlamente – den Reichsrat in Wien und den Reichstag in Budapest – und zwei Ministerien. Gemeinsam waren die Person des Monarchen als Kaiser von Österreich und König von Ungarn, die auswärtigen Angelegenheiten sowie Kriegs- und Finanzwesen. Die gesetzgebende Gewalt des Gesamtstaates lag bei Delegationen, das waren aus dem österreichischen Reichsrat und dem ungarischen Reichstag gebildete Körperschaften. Die vollziehende Gewalt in den gemeinsamen Angelegenheiten übten drei Reichsminister aus, der Minister des Äußeren mit dem Titel Reichskanzler, der Reichsfinanz- und der Reichskriegsminister. Demgemäß wurden die Einrichtungen der österreichischen Reichshälfte mit *kaiserlich-königlich* oder *k.k.*, die Einrichtungen der ungarischen Reichshälfte mit *königl. ungarisch*, beide Reichshälften betreffende Einrichtungen mit *kaiserlich und königlich* oder *k. u. k.* bezeichnet.

Sämtliche Leibgarden waren, soweit es den Hofdienst, die dienstlichen Personalangelegenheiten, die Ökonomie und Verpflegung betraf, dem Ersten Obersthofmeister als Oberst sämtlicher Leibgarden untergeordnet. Hinsichtlich des inneren Dienstes und der Gerichtsbarkeit war aber der Kapitän der Garde als Kommandant der ihm unterstehenden Leibgarde deren selbständiger Befehlshaber. Die Garde-Kapitäne waren verdiente Generäle.

Die Diensteinteilung aller Garden oblag dem Ersten Obersthofmeister. Bei

Offiziere der Ersten Arcièren-Leibgarde rücken, von der Wache in der Hofburg kommend, in ihrem Quartier im Unteren Belvedere ein. In der Hofburg lagen ihre Diensträume zunächst im Mezzanin der Alten Burg neben der Botschafterstiege und nach Vollendung des Michaelertraktes in dessen 2. Stock. Das Aquarell von Ludwig Koch entstand 1904.

Ein Exemplar 2 kr. = 4 h.
VII. Jahrgang. Nr. 2271.

Illustrierte

Monatlich 1 Krone
mit Zustellung ins Haus.

Kronen Zeitung

Administration:
IX/1, Pramergasse 28, Tel. 15744.
Stadtbureau:
I., Schulerstraße 19, Teleph. 7927.

Wien, Samstag den 28. April 1906.
Redaktion: Wien, IX/1, Pramergasse 28.
Int.-urb. Tel. 12805. Lokal-Tel. 14330. Manuskripte werden nicht zurückgestellt.

Monats-Abonnement:
(für die Provinz mit täglicher Postversendung)
1 Krone 60 Heller.

Scheue Pferde im Burghofe. Zwei Gardeoffiziere und ein Gardediener verletzt.

Ein Verkehrsunfall von 1906, dargestellt auf der Titelseite einer Tageszeitung. Als eine Hofequipage mit zwei Offizieren der Ersten Arcièren-Leibgarde über den Heldenplatz fuhr, wurden die vorgespannten Pferde scheu. Die Folge waren drei Verletzte und ein schwer beschädigter Wagen.

Offiziere der Ersten Arcièren-Leibgarde in verschiedener Adjustierung nach einer Darstellung Ludwig Kochs von 1913 (von links nach rechts): Garde im Waffenrock, Garde in Hofdienstuniform (zu Pferde), Garde im Mantel, Gardeoffizier in Hofdienstuniform (zu Pferde), Garde in Felberrock, Gardecharge in Hofdienstuniform und Garde in Paradeuniform.

zeremonieller Verwendung hatten die Leibgarden auch den an Ort und Stelle erteilten Weisungen der Beamten des Zeremoniell-Departements zu entsprechen. Auch Befehle der Generaladjutanten, allenfalls der diensthabenden Flügeladjutanten (Ordonanzoffiziere) des Kaisers waren zu befolgen. Der Dienst der Offiziers- und Trabantenleibgarden betraf insbesondere den Wach- und Postendienst beim Kaiser, bei den Mitgliedern des Kaiserhauses und bei fremdländischen Fürsten. Es war ein Sicherheits- und Ehrendienst. Die Posten bei den Gemächern des Kaisers hatten den Auftrag, außer den Angehörigen des Kaiserhauses nur die Referenten des Kaisers und die Minister ungehindert in die Räume passieren zu lassen. Verdächtige Personen waren an den Wachkommandanten zu überstellen. Außerdem bezogen die Trabanten Posten in der Kirche und bei Aufbahrungen. Weitere Dienste waren Spaliere unter anderem in den Zeremoniellgemächern, Nebenbegleitungen von Angehörigen des Kaiserhauses bei großen Kirchenfeierlichkeiten sowie bei Einholung und Begräbnis eines Angehörigen des Kaiserhauses. Der Leibgarde-Reiter-Eskadron und der Leibgarde-Infanterie-Kompanie oblag im allgemeinen der äußere Wach- und Sicherheitsdienst an den kaiserlichen Hoflagern einschließlich der Hofburg

Letzter Kapitän der Ersten Arcièren-Leibgarde ab 1906: Feldzeugmeister Friedrich Graf Beck-Rzikowsky (21. März 1830, Freiburg i. Br. – 9. Februar 1920, Wien), Geheimer Rat. Als Generalstabschef einer an der italienischen Front kämpfenden Division war er in der Schlacht bei Magenta schwer verwundet worden. Seit 1874 war er Generaladjutant von Kaiser Franz Joseph, dessen Militärkanzlei er 15 Jahre lang vorstand.

sowie der Ordonnanz- und Kurierdienst. Grundsätzlich wurden bei zeremoniellen Begebenheiten stets alle Gardekörper zum Dienst eingeteilt, wobei für Aufstellung, Einreihung und Dienstverrichtung die festgesetzte Rangordnung der Garden maßgebend war.

Der Name der k.k. Ersten Arcièren-Leibgarde leitet sich von den Archers, den Bogen- und Armbrustschützen spätmittelalterlicher französischer Herrscher ab. Die Arcièren-Leibgarde wurde 1763 von Kaiserin Maria Theresia aus dem Korps der Hatschiere und der römischen Garde als *kaiserlich königliche Arcièrenleibgarde zu Pferde* ins Leben gerufen. Sie war seit 1838 im Unteren Belvedere am Rennweg untergebracht, wo der sogenannte Gardehof noch an sie erinnert. Täglich um 1 Uhr mittags fuhren zwei mit Schimmeln bespannte Hoflandauer mit je zwei Offizieren der Garde zum Dienst in die Hofburg, wo diese 24 Stunden verblieben. Die Ablösung erfolgte um 2 Uhr. In der Hofburg war die Erste Arcièren-Leibgarde im Mezzanin der Alten Burg neben der Botschafterstiege untergebracht. Nach Vollendung des Michaelertraktes bekam sie dort im 2. Stock größere Räume, von wo aus sie ihren Dienst jeweils auf mehrere Stunden versah. Wenn sich Kaiser Franz Joseph in der Burg aufhielt, stand von 8 Uhr früh bis 10 Uhr nachts vor der Türe zu seinem Audienzzimmer ein Doppelposten aus je einem Offizier der k.k. Ersten Arcièren-Leibgarde und der königl. ungarischen Leibgarde.

Ein junger Kavallerieoffizier, der aus seiner Garnison in einem verlassenen Ort Galiziens zur Arcièren-Leibgarde nach Wien versetzt wurde, vermerkte mit leiser Selbstironie in seinem Tagebuch: »Als ich nach der Ankunft zum ersten Mal meine Gardegalauniform mit silbernem Helm und weißem Roßhaarbusch probierte, fühlte ich mich nicht nur moralisch gewachsen, sondern auch körperlich. Das hatte aber auch seine Gründe. Die Garde fordert ein Mindestmaß von 174 cm. Das ist viel, aber für die Garde nichts besonderes. Der Gardeschuster ist nun ein kluger Mann. In die Paradestiefel macht er hohe Einlagen und die Absätze 5 cm hoch. So stehen wir Ehrenwache vor des Kaisers Tür, über uns selbst hinausgewachsen.«

Die Erste Arcièren-Leibgarde war eine Elite von rund 40 ausgezeichneten Offizieren im Rittmeister- oder Oberleutnantrang unter dem Kommando des Garde-Kapitäns. Kapitän war bis 1870 Friedrich Karl Fürst Schwarzenberg, von 1870 bis 1906 Josef Prinz Windisch-Graetz und ab 1906 General der Infanterie Friedrich Graf Beck. Kennzeichnend für die Arcièren-Leibgarde in gewöhnlicher Adjustierung

Das Palais der königl. ungarischen Leibgarde, in den Jahren 1710 bis 1712 nach Plänen von Johann Bernhard Fischer von Erlach als Palast des kaiserlichen Obersthofmeisters Johann Leopold Fürst Trautson errichtet, bezog die königl. ungarische Leibgarde am 1. Oktober 1760. In der Hofburg hatte die Garde ihre Diensträume zunächst im Mezzanin der Alten Burg und nach Vollendung des Michaelertraktes in dessen 2. Stock neben der Ersten Arcièren-Leibgarde.

Offizier der königl. ungarischen Leibgarde auf einer Fotografie von 1870.

waren ein hochroter Waffenrock mit schwarzen Aufschlägen, weiße hirschlederne Hose, hohe Reiterstiefel aus schwarzem Lackleder, ein weißer Mantel oder eine weiße Pelerine, ein Silberhelm mit darauf sitzendem Doppeladler und weißem Roßhaarbusch. Geritten wurde ein Rappe mit roter Schabracke und Goldzäumung.

Im Jahre 1760 stimmte Kaiserin Maria Theresia der Gründung einer Leibgarde zu, die nur aus jungen ungarischen Edelleuten bestand: die königl. ungarische Leibgarde. Am 28. September 1760 leistete die Garde in Preßburg ihren Treueeid, und am 1. Oktober bezog sie Quartier in dem vordem Trautsonschen Sommerpalais am Glacis, das nun *Palais der ungarischen Garde* hieß. Es ist ein Werk Johann Bernhard Fischers von Erlach. Im Garten des Palais wurden später Stallungen und eine Reithalle für die Garde errichtet. In der Hofburg lagen die Diensträume der Garde im Mezzanin der Alten Burg. Nach Vollendung des Michaelertraktes wurden ihr dort größere Räume im 2. Stock neben der Arcièren-Leibgarde zugeteilt. In der Öffentlichkeit erregten die jugendlichen Gestalten auf ihren Schimmeln, den großen gekrümmten ungarischen Säbel schwingend, Aufsehen. Ihre Nationaluniform bestach alle: Attila und Beinkleid scharlachrot mit Zobel verbrämt und mit Silber bestickt, Leopardenfell um die Schulter, hoher Kalpak mit weißen Reiherfedern auf dem Kopf. Die Schabracken der Pferde waren mit grünem Samt, die Geschirre mit Silber drapiert. Der weitgereiste Schriftsteller Sealsfield bezeichnete die Garde als die »zweifellos prächtigste Leibwache der Welt«. Bei der königl. ungarischen Leibgarde standen nur Offiziere aus Ungarn und seinen Nebenländern im Leutnantsrang im Dienst. Gleich allen anderen Leibgarden hatte auch sie die Aufgabe, den Kaiser und die Mitglieder des Kaiserhauses zu bewachen, bei feierlichen Gelegenheiten zu umgeben oder zu begleiten und nicht zuletzt den Glanz des Hofes zu erhöhen. Vor allem das Letztgenannte gelang den stolzen Reitern mit den rot gefütterten Leopardenfellen um die Schultern in hohem Maße. Wie die Arcièren-Leibgarde bestand die ungarische Leibgarde aus rund 40 Offizieren und hatte die gleichen Obliegenheiten. Auch von dieser Garde fuhren täglich mittags vier Offiziere zum Dienst in die Hofburg, nur war ihr Hofwagen mit Rappen bespannt. Garde-Kapitäne waren von 1902 bis 1912 General der Kavallerie Alois Prinz Esterházy, von 1912 bis 1914 General der Kavallerie Josef Gaudernak von Kis-Demeter und ab 1914 General der Kavallerie Graf Lónyay von Vasarosnameny.

Die k.k. Leibgarde zu Fuß, ab 1790 k.k. Trabanten-Leibgarde, wurde 1767 von Kaiserin Maria Theresia aus der Schweizer Garde, den Hartschieren, der Gardenwache, der Garde de palais und der Invalidengarde gebildet. Die Trabanten-Leibgarde trug zum roten Waffenrock mit schwarzen Aufschlägen eine weiße hirschlederne Hose, hohe Reiterstiefel aus schwarzem Lackleder sowie eine Pickelhaube mit weißem Roßhaarbusch. Ihre Hellebarde war eine historische Waffe aus früheren Jahrhunderten. Das Quartier hatte die Garde in dem an die Stiftskaserne anschließenden Gebäude Mariahilferstraße 20. In der Hofburg war sie im Parterre unter dem Zeremoniensaal und nach Übersiedlung der Arcièren-Leibgarde in deren Räumen im Mezzanin der Alten Burg neben der Botschafterstiege untergebracht. Zum Unterschied von den Offiziersgarden war die Trabanten-Leibgarde eine Mannschaftsgarde. Sie bestand 1912 aus einem Garde-Kapitän, vier Offizieren und 38 Trabantengarden. Garde-Kapitän war General der Kavallerie Karl Graf Auersperg. Ihr regulärer Dienst bestand darin, den Posten im Antichambre des Kaisers, der nach ihr be-

Kapitän der königl. ungarischen Leibgarde ab 1914: General der Kavallerie Albert Graf Lónyay von Vasarosnameny (20. Dezember 1850, Nagy-Lónyay – 28. März 1923, Wien), Kämmerer und Geheimer Rat. Im Jahre 1891 wurde Lónyay Flügeladjutant des Kaisers.

nannten Trabantenstube, zu beziehen. Täglich mittags marschierte die Wachablösung – ein Kommandant mit drei Mann – in ihrer dekorativen Adjustierung mit den Hellebarden über die Mariahilferstraße und über den Maria-Theresien-Platz, den zu überschreiten sie als einzige Garde das Recht hatte, in die Hofburg. Die prächtigen Gestalten boten ein anziehendes Bild für Einheimische und Fremde.

Ein *fahrender Geselle*, dessen Buch *Wien und die Wiener* 1893 in Berlin in 2. Auflage erschien, beschreibt darin den Oberleutnant der Trabanten-Leibgarde Ferdinand Graf Kinsky: »Die schöne, schlanke Gestalt des Grafen in der schmucken, dunkelgrünen Uniform mit den hellrothen Aufschlägen ist am Turf und auf der Ringstraße eine wohlbekannte Figur, sowie einer der besten Fahrer, denn seine Viererzüge, die er mit besonderem Chic lenkt, entzücken Kenner und Laien. Für die weibliche Welt der Phäakenstadt ist der *fesche Ferdi* das Ideal und so manches Mädchenauge wirft scheue Seitenblicke nach dem bildschönen Offizier, der mit seinem aristokratischen Gesicht und dem feinen Schnurrbärtchen gewiß ein Ideal für Frauenherzen sein mag. Dem jungen Grafen näherstehende Leute rühmen ihn als eine vornehme Natur von reichen Kenntnissen und vollendeten Cavalier, der als flotter Tänzer bei

Das Quartier der Trabanten-Leibgarde in der Mariahilferstraße auf einer Ansichtskarte der Zeit. In der Hofburg war die Garde im Parterre unter dem Zeremoniensaal und später im Mezzanin der Alten Burg neben der Botschafterstiege untergebracht.

Angehöriger der Trabanten-Leibgarde in Paradeuniform

den Hofbällen Furore macht und auch unter den Damen des Hochadels so ziemlich den Paris spielt. Die leichte, gemütvolle Art, mit welcher der junge Offizier zu verkehren gewohnt ist, hat nichts Überhebendes noch etwas Arrogantes an sich. Graf Kinsky spricht, wie durchwegs die Aristokraten Wiens, das gemütliche Wienerische und ist ein vorzüglicher Kamerad. Am Turf schätzt man den Cavalier wegen seines unendlich heiteren Charakters, sowie auch wegen der großen Dosis Witz, welche er sein eigen nennt und der, mit einem Anflug von Ironie, im Gespräche mit dem Grafen, ihn anziehend und liebenswürdig macht.«

Im Jahre 1849 gründete Kaiser Franz Joseph die k.k. Garde-Gendarmerie, die 1869 in die k.k. Leibgarde-Reiter-Eskadron umbenannt wurde. Nach ihrer Neuorganisation 1884 bildeten die k. und k. Leibgarde-Reiter-Eskadron und die k. und k. Leibgarde-Infanterie-Kompanie zum Unterschied von den anderen Garden einen integrierenden Bestandteil des Heeres, speziell der Armee im Felde. Detachements wurden dem Oberkommando zur Bewachung, zu Kurier- und Ordonnanzdiensten sowie speziell Gardereiter zur Bewachung des Monarchen zugeteilt, wenn er sich bei der Armee befand. War Kaiser Franz Joseph auf Reisen, hatten zur Verbindung mit ihm Leibgarde-Reiter-Eskadron und Leibgarde-Infanterie-Kompanie Kuriere zu stellen. Diese hatten die für den Kaiser bestimmten Sendungen der Militärkanzlei und der Kabinettskanzlei, ferner die an die Personen des kaiserlichen Gefolges, für die Hofämter, für Hofbeamte und Kammern abzusendenden Dienststücke zu überbringen. Die Kuriertasche, welche die Schriftstücke der genannten Kanzleien enthielt, durfte der Kurier von der Übernahme bis zur Übergabe nicht aus der Hand und aus den Augen lassen. Die Leibgarde-Reiter-Eskadron war eine Mannschaftsgarde, die sich aus dem Mannschaftsstand der Armee rekrutierte. Garde-Kapitän war 1912 General der Kavallerie Alexander Graf

Gardist der Leibgarde-Infanterie-Kompanie (Burggendarm)

Üxküll-Gyllenband. Weiter gehörten der Leibgarde-Reiter-Eskadron an: ein Garde-Kommandant, ein Garde-Rittmeister, ein Garde-Oberleutnant, zwei Garde-Leutnants und rund 60 Garde-Reiter. Das Quartier hatten sie Ecke Lerchenfelderstraße und Museumsstraße. Die Angehörigen der Garde-Reiter-Eskadron in ihren schmukken Uniformen – dunkelgrüner Rock mit scharlachroten Aufschlägen und Schuppenepauletten, weiße hirschlederne Hose, Reitstiefel, Pickelhaube mit schwarzem Roßhaarbusch – waren auf ihren prächtigen Schimmeln typische Reitergestalten im Gefolge des Kaisers. Bei den Hofbällen stellten die Offiziere der Leibgarde-Reiter-Eskadron die Vortänzer.

Die k. und k. Leibgarde-Infanterie-Kompanie wurde unter Kaiser Franz Joseph aus der sogenannten Hofburg-Wache gebildet. Sie lag in der Stiftskaserne und hatte ihre Diensträume in der Alten Burg im Parterre neben dem Schweizertor und im Mezzanin. Die Gardisten, im Volksmund Burggendarmen genannt, versahen den offiziellen Sicherheitsdienst nicht nur in der Hofburg, sondern auch in den Hoftheatern und -museen, in Schönbrunn und anderen kaiserlichen Schlössern. Die prächtigen Gestalten der Leibgarde-Infanterie-Kompanie boten, wenn sie mittags zur Wachablösung langsamen Schrittes – noch den Grenadiermarsch schlagend – marschierten, ein anziehendes Schauspiel. Einer, der dabei gewesen war, erinnerte sich Jahre später, als die Monarchie längst nicht mehr bestand, an seine Zeit als Gardeoffizier bei der Leibgarde-Infanterie-Kompanie:
»Kommandant der Leibgarde-Infanterie-Kompanie war damals Oberst Mayer von Hohenwill. Der große, schlanke, einarmige Offizier mit seinen guten Augen in dem von einem Kaiserbart umrahmten Gesicht und stramm militärischem Auftreten war eine stadtbekannte Persönlichkeit. Das Offizierskorps bestand aus vier Oberleutnants, die ohne Ausnahme auf drei Jahre, bei

Kapitän der Trabanten-Leibgarde bis 1897: General der Kavallerie Erwin Graf Neipperg (6. April 1813, Schwaigern in Württemberg – 2. März 1897, Schwaigern), Geheimer Rat, Kämmerer und Mitglied des Herrenhauses des österreichischen Reichsrates. Er nahm 1848 als Oberstleutnant an den Kämpfen in Ungarn und 1864 als Feldmarschalleutnant am schleswig-holsteinischen Krieg teil. Neipperg war eine der markantesten und populärsten Gestalten der Reichshauptstadt. Sein Vater, Adam Graf Neipperg, war später morganatisch mit Erzherzogin Marie Louise, der Witwe Napoleons I. verheiratet. Der Sohn dieser Ehe, ein Halbbruder von Erwin Graf Neipperg, wurde der Gründer des fürstlichen Hauses Montenuovo, was auf deutsch Neuberg heißt.

gleichzeitigem Eheverbot, zugeteilt waren. Sie erhielten eine Gardezulage

Kapitän der Trabanten-Leibgarde und der Leibgarde-Infanterie-Kompanie seit 1909: General der Kavallerie Karl Graf Auersperg (12. November 1843, Prag – 20. März 1926, Wien), Geheimer Rat, vordem Korpskommandant und kommandierender General in Lemberg.

und bei auswärtigem Dienst noch eine tägliche Hofzulage. Zur Anfertigung der ersten Gardeuniform und zur weiteren Erhaltung der Bekleidung bekam jeder Offizier ein beträchtliches Uniformierungspauschale. Die Mannschaft wurde aus der Zahl der längerdienenden Unteroffiziere der Armee nach Verläßlichkeit, Größe und persönlicher Eignung ausgesucht und zur Kompanie entsendet. Die Leibgarde-Infanterie-Kompanie bestand aus zwei

Gardefeldwebeln, elf Gardezugsführern, elf Korporalen und zirka 220 Gardeinfanteristen. Sämtliche Gardisten hatten die Feldwebeldistinktion. Jeder einzelne der 250 Gardisten war ein Mensch von außergewöhnlichen Qualitäten. Ich kann sagen, daß von diesen peinlich ausgesuchten, mehrmals gesiebten Gardisten während meiner genau dreijährigen Dienstleistung nicht ein einziger wegen Nachlässigkeit im Dienst oder dergleichen bestraft wurde. Beim täglichen Rapport handelte es sich höchstens um Fälle von zu spätem Einrücken nach dem Ausgang oder um ähnliche belanglose Kleinlichkeiten, die nicht selten in dem Interesse, welches die Weiblichkeit den Burggendarmen entgegenbrachte, ihre Ursache hatten. Die Paradeadjustierung für die Offiziere bestand in dunkelgrünem, zweireihigem Waffenrock mit scharlachroten Aufschlägen, Schuppenepauletten, Fangschnüren und Feldbinde, schwarzer Hose. Paradekopfbedekkung war die Pickelhaube mit schwarzem Roßhaarbusch. Die Mannschaft rückte in Parade mit dem Gewehr auf der Schulter, den Kolben in der Hand haltend, aus.« Letzter Kapitän der Leibgarde-Infanterie-Kompanie war General der Kavallerie Karl Graf Auersperg.

Das Schweizertor der Alten Burg. Die Ansichtskarte zeigt rechts davor einen Gardisten der Leibgarde-Infanterie-Kompanie, im Volksmund Burggendarm genannt. Die Leibgarde-Infanterie-Kompanie hatte ihre Diensträume im Parterre und im Mezzanin der Alten Burg.

Die Leibärzte

Der Leibarzt des Kaisers war medizinisch gesehen dem bürgerlichen Hausarzt vergleichbar. Für die Folgen seines Wirkens galt das nicht. Diese betrafen nicht nur den Patienten und dessen engeren Familienkreis. Leben und Gesundheit der Herrscherfamilie hatten Bedeutung für das ganze Land und, wie wir aus der Geschichte wissen, oft auch weit darüber hinaus. Die Stellung, die der Leibarzt bekleidete, war eine überaus schwierige und heikle. Sie erforderte Takt und diplomatische Begabung. Er hatte stets gegenwärtig zu sein, sich aber trotzdem möglichst unsichtbar und unspürbar im Hintergrund des Lebens bei Hof zu halten. Er durfte von seinem Patienten nicht als Last empfunden werden, als ein unliebsames Memento. Im Gegenteil, je überflüssiger der Monarch die Existenz seines Leibarztes empfand, desto besser war es.

Der Leibarzt hatte über das Wohlbefinden des Monarchen mit Gewissenhaftigkeit zu wachen. Das war bei Franz Joseph eine nicht leichte Aufgabe. Der Kaiser, der wohl in seinen späteren Lebensjahren zu katarrhalischen Erkrankungen neigte, aber doch Zeit seines Lebens nie ernstlich krank war, konnte nur schwer dazu bewegt werden, sich zu schonen. Von eisernem Pflichtbewußtsein beseelt, ließ er eine Unpäßlichkeit nicht als hinreichenden Grund gelten, das gewaltige Arbeitspensum, das er Tag für Tag zu erledigen gewohnt war, unerledigt zu lassen. Es ist bekannt, daß der greise Monarch noch an seinem allerletzten Tag an der Arbeit war, so gut es seine verfallenden Kräfte erlaubten.

Die Erkrankungen des Kaisers traten mehrmals nach Manövern auf, bei denen sich Franz Joseph erkältet hatte, so etwa nach den Kaisermanövern im Raum von Klagenfurt im September 1907. Nach langer Krankheit verließ er erst am 21. Dezember Schönbrunn zu einer Fahrt in die Hofburg. Das *Illustrierte Wiener Extrablatt* berichtete darüber unter anderem: »Sämtliche Straßen, die der Kaiser passierte, prangten im Fahnenschmucke. Viele Tausende Menschen bildeten zu beiden Seiten der Straßen ein dichtes Spalier. Begeisterte Hochrufe begrüßten überall das Herannahen des Kaisers, dessen Wagen den ganzen Weg im Schrittempo zurücklegte, und die ausgerückten Musikkapellen spielten die Volkshymne. Der Kaiser trug Generalsuniform, Mantel und Kappe. Beim Äußeren Burgtor begrüßte Bürgermeister Dr.

Der kaiserliche Leibarzt Universitätsprofessor Dr. Hermann Freiherr von Widerhofer (24. März 1832, Weyr a. d. Enns – 29. Juli 1901, Ischl), seit 1862 Ordinarius für Kinderheilkunde an der Wiener Universität. Daneben leitete er bis knapp vor seinem Tod das St.-Anna-Kinderspital. Im Jahre 1863 wurde Widerhofer zum Leibarzt der kaiserlichen Kinder ernannt, 1865 zum Ersten Hofleibarzt. Anläßlich der Vermählung von Erzherzogin Marie Valerie 1890, die er als Arzt seit ihrer Kindheit betreute, wurde er in den Freiherrnstand erhoben. Er hatte dem Kaiser unmittelbar nach dem Tod von Kronprinz Rudolf in Mayerling als erster Arzt über die Todesursache zu berichten.

Der kaiserliche Leibarzt von 1897 bis 1916: Generaloberstabsarzt Dr. Josef von Kerzl (28. August 1841, Veska bei Pardubitz – 29. August 1919, Semmering), Geheimer Rat.
Aus der k.k. medizinisch-chirurgischen Josefsakademie als Feldarzt hervorgegangen, begann Kerzl 1870 als Oberarzt die militärärztliche Laufbahn, wurde 1875 Hofphysikus im kaiserlichen Schloß Laxenburg, 1884 Hofarzt in Wien, in welcher Eigenschaft er Kaiserin Elisabeth auf ihren Reisen nach Korfu und an die Riviera begleitete, und 1897 Leibarzt des Kaisers, den er mit hingebungsvollem Einsatz bis zu dessen Tod betreute. Danach trat er in den Ruhestand. Zeitweilig hatte er seine Wohnung im 2. Stock der Stallburg. Die hier wiedergegebene Fotografie stammt von 1898.

Karl Lueger den Kaiser. Dann fuhr Franz Joseph am Franz-Monument vorbei zur Kaiserstiege im Reichskanzleitrakt und begab sich in sein Arbeitszimmer ...«

Zu den engsten Vertrauten des Kaisers in seinen letzten Lebensjahren gehörten einige wenige ebenfalls betagte Männer: sein langjähriger Generaladjutant Eduard Graf Paar, weiter der unermüdliche, stets um die Armee besorgte Chef der Militärkanzlei Arthur Freiherr von Bolfras sowie Friedrich Graf Beck, bis 1906 Chef des Generalstabs, der jeden zugeteilten Offizier des großen Generalstabskorps persönlich kannte und sich um dessen Schicksal annahm. Zu diesem Kreis, in dem der vielgeprüfte Kaiser Mensch unter Menschen war, gehörte auch der langjährige Leibarzt des Kaisers Dr. Josef Kerzl. Selbst begeisterter Jäger, begleitete er den Kaiser auf seinen Pirschgängen. Auch auf Manövern war er in dessen Nähe. Der Hofküche gab er Diätanweisungen. Als Katharina Schratt, die Vertraute des Kaisers, bald nach Kriegsbeginn 1914 ein kleines Musterspital für verwundete Soldaten einrichtete, war Kerzl der ärztliche Betreuer.

Der Vorgänger von Leibarzt Dr. Kerzl war Universitätsprofessor Dr. Hermann Widerhofer. Er wurde 1863 zum Leibarzt der kaiserlichen Kinder, 1865 zum ersten Hofleibarzt ernannt. Kaiserin Elisabeth, Erzherzog Karl Ludwig, den Bruder des Kaisers und die

Erste Fahrt Franz Josephs von Schönbrunn in die Hofburg nach schwerer Krankheit am 21. Dezember 1907. Am Äußeren Burgtor begrüßt Bürgermeister Karl Lueger den Kaiser.

Der kaiserliche Konziliararzt Universitätsprofessor Dr. Edmund von Neusser (1. Dezember 1852, Swoszowice b. Krakau – 30. Juli 1912, Bad Fischau) war ein hervorragender Diagnostiker, daneben ein virtuoser Klavierspieler. Er wurde bei ernsten Erkrankungen des Kaisers, der ihn hoch schätzte, beigezogen, so der schweren Erkältung im Herbst 1907.

kaiserliche Tochter Erzherzogin Marie Valerie hat Widerhofer ebenso behandelt wie Katharina Schratt. Besonders im Zusammenhang mit Erzherzogin Marie Valerie und deren Kindern erscheint sein Name als behandelnder Arzt immer wieder. Kronprinz Rudolf betreute er bis zuletzt. Er war der erste Arzt, der nach Kammerdiener Loschek und mit diesem das Sterbezimmer von Kronprinz Rudolf und Mary Vetsera in Mayerling am 30. Jänner 1889 betrat, worüber er dem Kaiser um 6 Uhr morgens des folgenden Tages zu berichten hatte. Das berühmte Gutachten dreier Universitätsprofessoren über die Ursache des Todes von Kronprinz Rudolf trägt auch seinen Namen. Widerhofer war nicht nur als Leibarzt der kaiserlichen Familie sehr geschätzt und vielseitig tätig, er erfreute sich größter Beliebtheit in allen Kreisen der Wiener Bevölkerung.

Zur Konsultation bei ernsteren Erkrankungen Franz Josephs wurden Konziliarärzte beigezogen. Zu ihnen gehörten Universitätsprofessor Dr. Edmund von Neusser und dessen Assistent und späterer Nachfolger im Lehramt Universitätsprofessor Dr. Norbert von Ortner. Eine interessante Bemerkung machte der 84-jährige Franz Joseph im Winter 1914 seinem Arzt Dr. Ortner gegenüber. Als dieser die Frage, ob er schon einen Krieg miterlebt oder gar mitgemacht hätte, verneinte, erwiderte der Monarch: »Der Krieg ist das schrecklichste, was ich kenne.« Daraus läßt sich ermessen, wie schwer es dem Kaiser bei dieser Einstellung gefallen sein muß, den Doppelmord von Sarajevo in weiterer Folge mit einer Kriegserklärung an Serbien zu beantworten. Franz Joseph hat während des Krieges Wien nicht mehr verlassen. Er arbeitete ohne Unterbrechung unermüdlich, bis ihn die Kräfte verließen. Das ärztliche

Bulletin, einen Tag vor dem Tod des Kaisers abgefaßt, bestätigt das:

»Bei Seiner Majestät ist im Verlaufe der vergangenen Nacht ein beschränkter entzündlicher Herd in der rechten Lunge aufgetreten bei sonst gleichbleibenden katarrhalischen Erscheinungen.

Morgentemperatur 38 Grad, Abendtemperatur 37,8 Grad, Herztätigkeit gut, Atmung gleichmäßig ruhig, Appetit geringer.

Seine Majestät verbrachten den ganzen Tag außer Bette, arbeiteten bis zum Abend und empfingen außer dem Ersten Obersthofmeister Fürst von Montenuovo, den beiden Generaladjutanten Generaloberst Grafen Paar und Generaloberst Freiherrn von Bolfras, Kabinettsdirektor Freiherrn von Schießl und Sektionschef von Daruvary Seine k. u. k. Hoheit den durchlauchtigsten Herrn Feldmarschall Erzherzog Friedrich in dreiviertelstündiger Audienz.

Wien, am 20. November 1916, abends.
Leibarzt Dr. Kerzl,
Professor Dr. Ortner.«

Der kaiserliche Konziliararzt Universitätsprofessor Dr. Norbert von Ortner (10. August 1865, Linz – 1. März 1935, Salzburg). Er war nach Prof. Neusser Konziliararzt bei Franz Joseph und verfaßte zusammen mit Dr. Kerzl die letzten Bulletins vor dem Tod des Kaisers.

Die Medikamente, die ein Leib- oder Konziliararzt verschrieben hatte, bereitete eine nur für den Hof bestimmte Apotheke – die Alte Hofapotheke. Sie bestand seit 1744 in der Stallburg. Der Apothekenleiter war darin mit vier Magistern tätig. Medikamente für den Kaiser selbst hatte ausschließlich der Apothekenleiter zu bereiten. Während der Regierungszeit Franz Josephs wurden neben einer Filiale in Schönbrunn Saisonapotheken in Ischl, Budapest und Gödöllö durch Beamte der Hofapotheke geführt. Auch auf Reisen des Kaisers, auf Manövern und im Krieg fuhr ständig ein Apothekenbeamter im Separatzug Franz Josephs mit, der alle erforderlichen Heilmittel und auch Instrumente für Operationen zur Verfügung zu halten hatte.

Die Raumwidmungen der Hofburg zur Zeit Kaiser Franz Josephs

Die Mehrzahl der folgend angeführten Appartements ist zum Teil bis heute nach jener Persönlichkeit benannt, die darin einmal gewohnt hat und deren Name mit diesen Räumen in besonderer Weise verbunden ist. Das Franz-Joseph-Appartement stand dem Kaiser von 1857 bis zu seinem Tode 1916 zur Verfügung. Es bestand (im Stockwerksplan von rechts nach links) aus der Trabantenstube, dem Audienzsaal, dem Audienzzimmer, dem Konferenzzimmer, dem Arbeitszimmer, dem Schlafzimmer sowie großem und kleinem Salon. Dazu kamen noch Neben-

Diese Fotografie des Audienzsaales entstand um 1900. Links im Durchblick zum Arbeitszimmer des Kaisers sind der Schreibtisch und dahinter die Staffelei mit Franz Xaver Winterhalters Gemälde ›Kaiserin Elisabeth mit verschlungenem Haar‹ zu erkennen.

räume wie die Kaisergarderobe. Die dem Audienzsaal folgenden Räume des Appartements wurden für Franz Joseph umgestaltet.

Wenn Franz Joseph nicht auf Reisen, in Budapest, Gödöllö oder Ischl war, wohin ihn seine Arbeit stets begleitete, residierte er fast bis zu seinem Ende in der Hofburg. In seinen letzten Lebensjahrzehnten aber benutzte er das Schlafzimmer in der Hofburg nur mehr selten, wenn er etwa durch eine festliche Veranstaltung lange in der Burg zurückgehalten wurde. Die Erinnerung an den toten Sohn und die ständige Abwesenheit der Kaiserin haben ihn wohl veranlaßt, seinen Wohnsitz im Schönbrunner Schloß zu nehmen, in dessen unmittelbarer Nähe – Gloriettegasse 9 – seine Vertraute ihre Villa besaß, die Hofschauspielerin Katharina Schratt. Er verließ Schönbrunn meist morgens und fuhr mit dem zweispännigen Wagen in die Hofburg, die er um etwa 1 Uhr Nachmittag, manchmal auch später verließ. Das Diner wurde meist in Schönbrunn eingenommen, mitunter aber auch in der Hofburg, wie die Menükarte vom 21. Juni 1913 zeigt.

Auf der in den Zwanzigerjahren des vergangenen Jahrhunderts entstandenen Fotografie sind zwei der drei wieder freiliegenden Wandgemälde zu sehen, die Johann Peter Krafft in den Jahren 1828–1832 für Franz II. (I.) geschaffen hatte und die Szenen aus dem Leben des Kaisers darstellen.

Das zweiteilige Bild, das der exzellente Zeichner seiner Zeit Theo Zasche um 1898 schuf, zeigt den Audienzsaal an einem Audienztag. Hinter der durch eine spanische Wand teilweise abgedeckten Doppeltüre auf dem linken Teil des Bildes befindet sich das Audienzzimmer, wo der Kaiser die Audienznehmer empfing. Neben der Türe steht ein Offizier der königl.

ungarischen Leibgarde. Ganz links stehen drei Offiziere der königl. ungarischen Leibgarde, dahinter eine Gruppe von drei Offizieren der Ersten Arcièren-Leibgarde. Die Wandgemälde von Johann Peter Krafft sind abgedeckt, wie dies auch die auf Seite 44 wiedergegebene Fotografie zeigt.

Audienzzimmer des Kaisers mit der offenen Türe zum Adjutantenzimmer. Für die Beleuchtung sorgen noch Kerzen sowohl im Luster als auch in den Leuchtern.

Der Tod des Kronprinzen Rudolf am 30. Jänner 1889 wurde dem Kaiser in der Hofburg mitgeteilt. Die Nachricht vom gewaltsamen Ende der Kaiserin am 10. September 1898 erreichte ihn in Schönbrunn.

Bei Anwesenheit des Kaisers in der Hofburg stand in der Trabantenstube Tag und Nacht ein Unteroffizier der Trabantenleibgarde Wache. Hier war der Eingang, durch den man, über die Kaiserstiege kommend, das Appartement Franz Josephs betrat, nicht nur dieser selbst, sondern auch seine Besucher, vor allem die Audienznehmer. Sie kamen, um sich vorzustellen, für Auszeichnungen zu danken, ein Bitt- oder Gnadengesuch zu überreichen. Der Bewerber um eine Audienz hatte sein Gesuch bei der Kabinettskanzlei im 2. Stock der Alten Burg einzureichen und prüfen zu lassen. Nach einigen Tagen erhielt er die Erlaubnis, zur Audienz zu erscheinen. Sein Weg führte ihn zunächst in den Audienzsaal, der bis 1806 Beratungssaal der Deutschen Reichskanzlei war. Ab 1849 benützte

ihn Kaiser Franz Joseph als Audienzsaal, in dem sich die Bewerber zur Audienz versammelten. Die Audienzen fanden in den Vormittagsstunden statt, in der Regel am Montag und am Donnerstag. Nationalkostüme, blitzende Uniformen, ordensgeschmückte Fracks der wartenden Herrn, lange dunkle Seidenschleppen der Damen sah man gruppenweise nebeneinander. Offiziere der k.k. Ersten Arcièren-Leibgarde und der königl. ungarischen Leibgarde hielten die Ehrenwache. Vor einem Tisch neben der Türe zum Audienzzimmer stand der diensttuende Flügeladjutant und forderte dem Rang nach die Au-

Die hier wiedergegebene Zeichnung Theo Zasches zeigt den Kaiser in seinem Audienzzimmer im Gespräch mit der gefeierten Hofopernsängerin Marie Pölzl, einer Grazerin, die sich als Künstlerin Marie Renard nannte.

dienzwerber zum Eintritt auf. Im Audienzzimmer empfing der Kaiser stehend die Audienznehmer und übernahm sodann die Redeführung. Ein Schritt des Monarchen gegen das Fenster zu, ein leichtes Neigen des Kopfes zeigte das Ende der Audienz an. Der Kaiser entließ keinen, der nicht einen unvergeßlichen Eindruck mit sich nahm.

Der nächste Raum war das Konferenzzimmer. Hier fanden unter dem Vorsitz des Kaisers die Ministerkonferenzen des österreichischen und des gemeinsamen österreichisch-ungarischen Ministeriums statt. In einer zeitgenössischen Beschreibung heißt es über das Konferenzzimmer: »Zu den interessantesten unter den an historischen Erinnerungen wohl überreichen Staatsgemächern in der Wiener Hofburg gehört unstreitig das Sitzungszimmer des Monarchen. Der in edler Einfachheit dekorierte Saal läßt auf den ersten Blick schon seine Bestimmung erkennen. Sein dominierendes Einrichtungsstück ist der mächtige, mit grünem Tuch verhängte Beratungstisch, an dessen beiden Längsseiten zwölf Plätze für die jeweiligen Sitzungsteilnehmer angeordnet sind. Des Kaisers Platz, von welchem aus der Monarch *ex präsidio* die

Die Fotografie aus den Neunzigerjahren des 19. Jahrhunderts zeigt das Konferenzzimmer, für eine Sitzung vorbereitet. An der linken Wand hinter dem kleinen Tisch liegt Holz für den Kamin, der einzigen Wärmequelle des Raumes. Die zweiflügelige Tür im Hintergrund führte zur Kaisergarderobe, in der die zahlreichen Uniformen und die selten getragenen Zivilkleider Franz Josephs aufbewahrt waren.

Beratungen leitet, befindet sich am oberen Ende der Tafel an der Fensterseite des Saales, welche den Ausblick direkt auf die Hauptwache am Inneren Burgplatze gewährt. Einfach und edel in seiner ganzen Anlage und Einrichtung beherrscht das Konferenzzimmer des Kaisers unverkennbar ein gewisser strenger, bürokratischer, oder, wenn man will militärischer Zug, welcher stark mit dem Prunk der Parlamentsräume sowie mit der grotesken Pracht des Wiener Rathauses kontrastiert. Nirgends eine Spur von dem überschwenglichen Luxus und dem blendenden Reichtum architektonischer Ausstattung, welche in fast verschwenderischer Fülle auf die Innendekoration der Staatsgemächer verwendet wurden. Selbst mit der Ausstattung der Sitzungssäle in den meisten Ministerien, der großen Banken und Eisenbahnen hält des Kaisers Konferenzzimmer kaum einen Vergleich aus und doch schwebt über der Stätte eine unsichtbare Majestät, die sich unwillkürlich jedem kundgibt, vor dem die Türen dieses Gemaches sich aufgetan. Befindet sich doch auch hier in diesem Raume als Schmuck und Wahrzeichen der Säbel Radetzkys, die teuerste Reliquie des heldenhaften, siegreichen Heerfüh-

Leibkammerdiener des Kaisers von 1894 bis 1916: Eugen Ketterl (7. Oktober 1859, Wien – 11. Oktober 1928, Wien). Die Zeichnung von Theo Zasche zeigt ihn in der Garderobe des Kaisers, die hinter dem Konferenzzimmer des Franz- Joseph-Appartements lag.

rers, den unser größter Dichter Franz Grillparzer einst mit den berühmten Worten apostrophierte: *In deinem Lager ist Österreich!* Und als ob das Dichterwort auch hier nachklänge – man fühlt es, in diesem Raum weilt der Genius des Vaterlandes, hier ist Österreich!«

Die Minister erschienen im Frack mit schwarzer Halsbinde und dem Ordenskettchen, die Militärs in Campagne-Uniform mit dem Hut. Die Teilnehmer versammelten sich im Zimmer des diensttuenden Flügeladjutanten, der zur festgesetzten Stunde – meist war es 10 Uhr vormittags – dem Kaiser die Anwesenheit der Minister meldete. Sodann betraten diese den Konferenzraum, wo sie der Kaiser erwartete. Er trug die Marschallsuniform ohne Säbel. Der Kaiser eröffnete die Beratung. In ruhig fließender Rede, jedes Detail betonend, bezeichnete er den Gegenstand, den er zur Beratung stellen wollte. Danach begann die Debatte, wozu es in einer zeitgenössischen Schilderung heißt: »Trotz der Ehrfurcht und eine gewisse Zurückhaltung gebietenden Anwesenheit des Monarchen ist die Meinungsäußerung in diesen Konferenzen stets eine absolut freie und ungezwungene. Der Kaiser will es ausdrücklich so: *Salus rei publicae suprema lex!* Dieses oberste Gesetz der öffentlichen Wohlfahrt schließt natürlich im gegebenen Momente selbst politische Kraftworte nicht aus, von denen in bewegten Epochen unserer neuzeitlichen Geschichte manch denkwürdige Aussprüche seiner Ratgeber in des Monarchen Gedächtnis haften geblieben sein mögen. Der Kaiser gestattete es auch nicht, daß sich die Sprecher von ihrem Platze erheben, wenn sie an ihn das Wort richten.« Franz Joseph hatte höchst selten Aufzeichnungen vor sich, griff mit klar formulierten Fragen und Bemerkungen wiederholt in die Debatte ein und verlangte die ganze Wahrheit zu hören. Seine Sach- und Geschäftskenntnis, auch wo es sich um Zahlen handelte, war erstaunlich. Man hätte ihn den ersten Hofrat seines Reiches nennen können. Je nach Umfang des Beratungsstoffes dauerten die Sitzungen ein bis zwei Stunden, doch waren auch solche von drei- bis vierstündiger Dauer nicht selten. Wichtige Fragen wurden im Wege der Abstimmung entschieden. Sobald der verhandelte Stoff erschöpft war, schloß der Monarch die Konferenz und zog sich mit leichter Verbeugung gegen die Anwesenden in sein Arbeitszimmer zurück.

Das Arbeitszimmer war das eigentliche Wohnzimmer des Kaisers. Hier verbrachte Franz Joseph fast alle jene Tages- und Abendstunden, die nicht den repräsentativen Herrscherpflichten gewidmet waren. Auch seine Mahlzeiten nahm er am liebsten hier ein. Das erste Frühstück, das er im Sommer zwischen 5 Uhr und 5 Uhr 30, im Winter zwischen 6 Uhr und 6 Uhr 30 einnahm, wurde ihm auf einem Tablett auf dem Schreibtisch serviert. Es bestand in der Regel aus Tee oder Kaffee und mürbem Gebäck, mitunter auch Gugelhupf oder

Der Kaiser am Stehpult seines Arbeitszimmers im Gespräch mit Feldmarschalleutnant Rudolf Fürst Liechtenstein (18. April 1838, Wien – 15. Dezember 1908, Krumau in Mähren), Kämmerer, Geheimer Rat und Mitglied des Herrenhauses. Liechtenstein wurde 1892 Kapitän der Leibgarde-Reiter-Eskadron, 1896 Erster Obersthofmeister und Oberst sämtlicher Leibgarden. Die Zeichnung Theo Zasches entstand um 1898. Die Beleuchtung war damals schon auf elektrischen Strom umgewandelt, wie die hinter dem Kaiser sichtbare Schreibtischlampe und die Wandappliken beidseits des Spiegels links von ihm zeigen. Nur die Kerzen auf dem Schreibtisch sind geblieben.

Etwas früher als das vorige Bild entstanden die hier ebenfalls wiedergegebenen drei Aufnahmen des Hoffotografen Raimund Freiherr von Stillfried, die den ganzen Raum zeigen. An der Rückwand befindet sich ein Kamin, darüber das Bild Zar Nikolaus I., zu beiden Seiten je drei Gemälde. Auf dem Kamin stehen Bronzefiguren, neben dem Kamin drei Porträtbilder sowie Schatullen auf einer Bücherstellage. An der linken Seitenwand befindet sich eine Kommode mit Stehbildern von Mitgliedern der kaiserlichen Familie, über der Kommode das Gemälde ›Kaiserin Elisabeth mit offenem Haar‹ von Franz Xaver Winterhalter, rechts der Kommode ein Tischchen mit Kerzenleuchtern und ebenfalls mit Familienbildern. Die Aktentaschen auf dem Sessel vor dem Kamin sind für die Post der Kabinettskanzlei, der Militärkanzlei und des Obersthofmeisteramtes bestimmt. Der Schreibtisch, der ebenso wie der Schreibtischsessel auf einem Teppich steht, ist belegt mit einer Schreibunterlage, einer Schreibgarnitur mit verschiedenen Federstielen, Leuchtern mit Kerzen sowie Stehbildern von Familienmitgliedern. Von zwei Klingeltasten führt eine dünne Leitung weg, offenbar in den Raum des Leibkammerdieners und in das Dienstzimmer des Flügeladjutanten. Auf einer Staffelei hinter dem Schreibtisch befindet sich in ovalem Rahmen Winterhalters Bild ›Kaiserin Elisabeth mit verschlungenem Haar‹. In der Türöffnung dahinter ist der Stehspiegel im Schlafzimmer des Kaisers erkennbar. An der Decke hängt ein vierflammiger Petroleumluster, der noch zur Zeit Kaiser Franz Josephs gegen einen solchen für elektrische Beleuchtung ausgetauscht wurde.

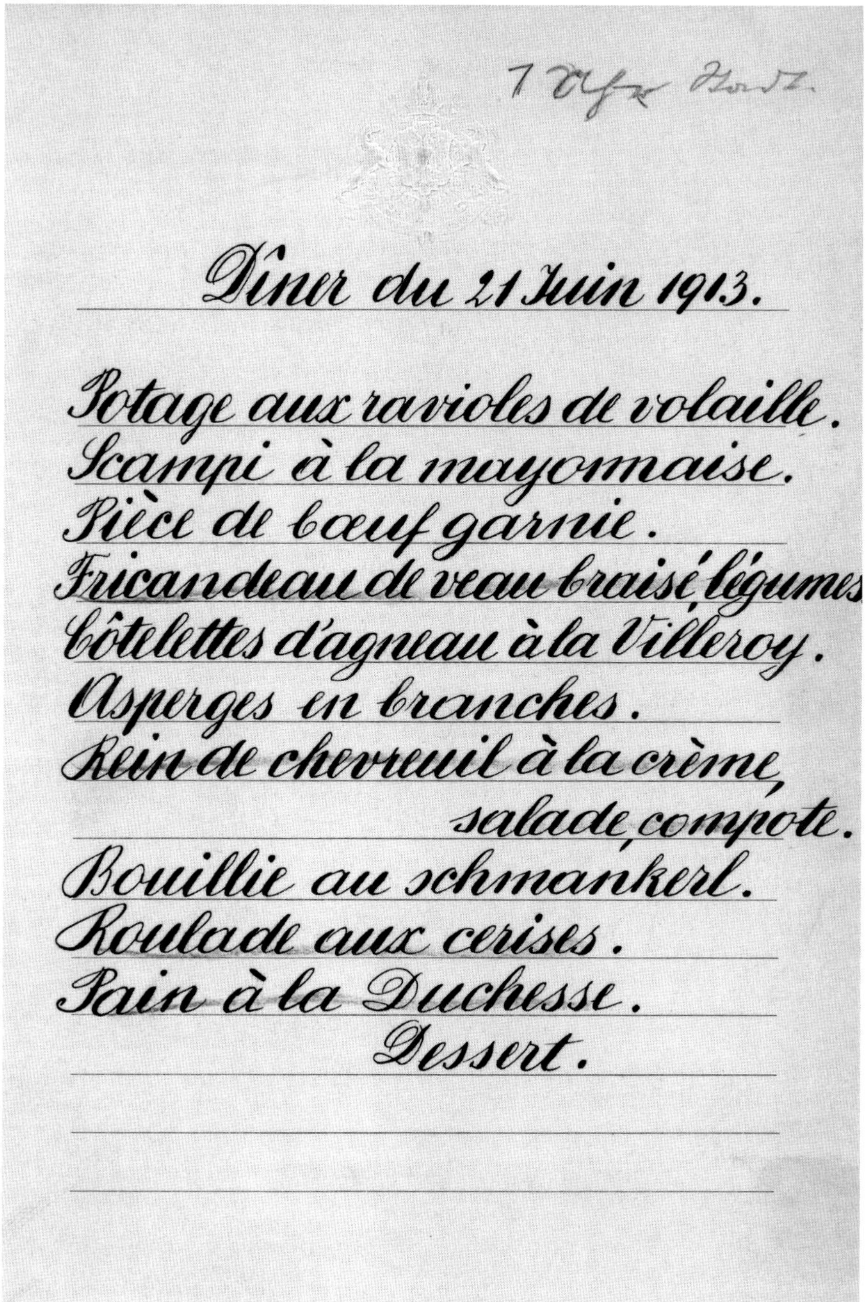
1 Uhr Stadt.

Diner du 21 Juin 1913.

Potage aux ravioles de volaille.
Scampi à la mayonnaise.
Pièce de bœuf garnie.
Fricandeau de veau braisé, légumes
Côtelettes d'agneau à la Villeroy.
Asperges en branches.
Rein de chevreuil à la crème,
salade, compote.
Bouillie au schmankerl.
Roulade aux cerises.
Pain à la Duchesse.
Dessert.

Erhalten gebliebene Menükarte des kaiserlichen Diners am 21. Juni 1913 mit handschriftlichen Eintragungen Franz Josephs. Er hat vier Speisen mit Rotstift gestrichen und oben rechts mit Blaustift den Vermerk angebracht: 1 Uhr Stadt. Das Diner solle also in der Hofburg stattfinden.

Im Schlafzimmer des Kaisers. Die Darstellung Theo Zasches zeigt Leibkammerdiener Rudolf Rottner vor dem Bett Franz Josephs, einem schlichten, braun gestrichenen Eisenbett, an der Wand darüber zahlreiche Bilder der kaiserlichen Familie, mit denen sich der Monarch auch in seinem Arbeitszimmer umgab. Das größte Bild über dem Bett ist ein Stahlstich, der die 16-jährige Prinzessin Elisabeth in Bayern als Braut 1853 vor dem Schloß Possenhofen reitend darstellt. Links neben dem Bett der Klappwaschtisch.

Milchwecken. Das zweite Frühstück, das Déjeuner, wurde gegen 11 Uhr auf einem kleinen aufgedeckten Tisch serviert, der in das Arbeitszimmer getragen und zwischen den Kaminfauteuils aufgestellt wurde. Es bestand aus Suppe, einer Schnitte gebratenem oder gedünstetem Fleisch mit etwas Gemüse, Gebäck und einem kleinen Krug Bier oder einem Glas Wein. Von einem alten Leibkammerdiener wird berichtet, dem

das Mißgeschick passierte, daß ihm das Tablett mit dem Essen für den Kaiser zu Boden fiel, und der erschrocken ausrief: »Bitte tausendmal um Vergebung, lege mich Eurer Majestät zu Füßen«, eine Formulierung, die seinerzeit zum Zeichen der Ergebenheit nicht unüblich war. »Nur das nicht auch noch!«, entgegnete der Kaiser, »zu meinen Füßen liegen ja schon die Leberknödeln!« Im Sommer gewöhnlich zwischen fünf und sechs Uhr nachmittags, im Winter zwei Stunden früher fand die Hauptmahlzeit statt, das Diner. Es bestand aus Suppe, Rindfleisch, das Franz Joseph sehr liebte, Braten, Mehlspeise und Obst. Dazu lud der Kaiser gerne den einen oder an-

Blick zur Fensterseite des Schlafzimmers. Rechts der Klappwaschtisch und daneben ein Rasiertischchen mit beweglichem Spiegel. Weiter gegen das Fenster zu befindet sich ein großer Stehspiegel, zunächst mit seitlich angebrachten Kerzen, die später durch elektrische Kerzenlampen ersetzt wurden. Die offene Türe führt zum großen Salon des Kaisers.

deren Erzherzog zu sich und gönnte sich danach eine Rast, die er im Gespräch mit diesem oder seinem Adjutanten verbrachte.

Im Schlafzimmer des Kaisers standen ein schlichtes braun gestrichenen Eisenbett und ein einfacher Klappwaschtisch. Nicht nur in der Wiener Hofburg,

Kaiserin Elisabeth (24. Dezember 1837, München – 10. September 1898, Genf). Die geborene Herzogin in Bayern wurde durch Vermählung mit Kaiser Franz Joseph 1854 Kaiserin von Österreich. Seit 1867 war sie auch gekrönte Königin von Ungarn. Ihre vier Kinder: Sophia (1855–1857), Gisela (1856–1932), Rudolf (1858–1889), Marie Valerie (1868–1924). Sie war eine außergewöhnlich schöne, geist- und gefühlvolle Frau mit einem Hang zu Überschwenglichkeit und Sentimentalität, der sie ein ruheloses Reiseleben führen ließ. Während einer ihrer Reisen fiel sie einem Mordanschlag zum Opfer. Die Fotografie entstand Ende der 60er Jahre.

Zwei Fotografien des Toilette- und Turnzimmers von Kaiserin Elisabeth.

Der große Salon der Kaiserin. In der Türe zum Toilettezimmer sind die beiden Ringe zu sehen, mit denen Elisabeth turnte.

Theo Zasche hat mit seinem Stift ein gemeinsames Frühstück des Kaiserpaares im großen Salon festgehalten.

auch in Schönbrunn, Budapest, Laxenburg, Ischl und Gödöllö schlief Franz Joseph in einem eisernen Feldbett wie dem der einfachen Soldaten in der Kaserne. Die Bilder im Schlafzimmer waren fast nur Darstellungen der Familie des Kaisers. Vom Schlafzimmer führte eine Türe in die Räume des diensthabenden Leibkammerdieners. Der große und der kleine Salon schließlich bildeten die Verbindung mit dem Appartement der Kaiserin. In diesen Räumen weilte Franz Joseph gern, wenn er Familienbesuch erhielt. Nach dem Tod von Kaiserin Elisabeth 1898 benützte er sie nicht mehr.

An das Franz-Joseph-Appartement schließt das Elisabeth-Appartement in der Amalienburg. Die Räume wurden für Kaiserin Elisabeth adaptiert, der sie von 1857 bis zu ihrem Tod zur Verfügung standen. Sie bestanden (im Stockwerksplan von unten nach oben) aus kleinem und großem Vorzimmer, kleinem und großem Salon, Toilettezimmer sowie Wohn- und Schlafzimmer, dessen Wände mit vergoldetem Stuck reich ausgestaltet sind. Im kleinen Vorzimmer oder Türhüterzimmer betrat die

Kleiner Salon der Kaiserin, der nach dem Tode Erzherzog Rudolfs zum Gedenken an ihn gestaltet wurde. Hinter der offenen Türe der große Salon und dahinter die Türe zum Toilettezimmer der Kaiserin mit den Turnringen.

Kaiserin, wenn sie von der Adlerstiege kam, ihr Appartement. Im großen Salon speiste das Kaiserpaar gemeinsam, wenn Elisabeth sich in Wien aufhielt. Das Toilettezimmer mit den Turngeräten Elisabeths war früher gemeinsames Schlafzimmer des Kaiserpaares. Dahinter hofseitig lag das 1876 unter der Leitung von Burghauptmann Kirschner für die Kaiserin eingerichtete Badezimmer, das erste in der kaiserlichen Hofburg. Kirschner hat dabei mit Erfolg versucht, eine moderne gebäudetechnische Einrichtung herzustellen, ohne damit das Wesen der historischen kaiserlichen Räume zu beeinträchtigen.

An das Elisabeth-Appartement anschließend liegt in der Amalienburg das Alexander-Appartement. Die reich ausgestalteten Räume sind nach Alexander I. von Rußland benannt, dem sie während des Wiener Kongresses 1815

Huldigung der kaiserlichen Familie anläßlich des 60-jährigen Regierungsjubiläums von Franz Joseph am 2. Dezember 1908 im großen Salon des Alexander-Appartements, dargestellt von Wilhelm Gause. Es spricht der Thronfolger Erzherzog Franz Ferdinand.

zur Verfügung standen. Zur Zeit Kaiser Franz Josephs wurden die Räume vor allem für Familiendiners, aber auch als Fremdenappartement genützt. Das Appartement bestand (bei der Alexanderstiege beginnend) aus Eingangszimmer, Speisesaal, großem Salon, Boucher-Zimmer – wohl der Inbegriff fürstlicher Prachtentfaltung – und kleinem Zimmer.

Das Stephan-Appartement schließt an das Franz-Joseph-Appartement. Die in barocker Pracht ausgestalteten Räume sind nach dem Palladin von Ungarn, Erzherzog Stephan, benannt, dem

Das Boucher-Zimmer des Alexander-Appartements. Die vierteilige Gobelinserie an den Wänden wurde nach Gemälden von François Boucher zwischen 1772 und 1776 in der Pariser Gobelinmanufaktur gewebt. Sie kam mit dem zugehörigen Mobiliar des Raumes als Gastgeschenk König Ludwigs XVI. und seiner Gemahlin Marie Antoinette an deren Bruder Kaiser Josef II. anläßlich seines Aufenthaltes in Paris 1777 nach Wien.

sie bis 1867 zur Verfügung standen, nachdem er im Revolutionsjahr 1848 aus Budapest geflohen war. Vor ihm lebte hier bis zu seinem Tod 1832 der Herzog von Reichstadt, Sohn von Napoleon I. und Erzherzogin Marie Louise. Zur Zeit Kaiser Franz Josephs fanden im Stephan-Appartement vor allem militärische Hofdiners statt. Die Räume dienten dabei (im Stockwerksplan von links nach rechts) als Rauchsalon, Cerclezimmer, wo der Kaiser mit seinen Gästen Konversation hielt, und Speisezimmer.

Im 2. Stock des Reichskanzleitraktes lagen die Wohn- und Arbeitsräume von Erzherzog Johann, wenn sich dieser in Wien aufhielt. Die Raumfolge des Erzherzog-Johann-Appartements wird von einem Zeitgenossen wie folgt beschrieben: Zimmer des Kammerdieners, Ingenieurarbeitszimmer, Empfangszimmer, Schreib- und Schlafzimmer, Audienzzimmer, Tafelzimmer, Zimmer des Kammerherrn und Kanzleizimmer des Sekretärs.

Kronprinz Erzherzog Rudolf (21. August 1858, Laxenburg b. Wien – 30. Jänner 1889, Mayerling), einziger Sohn von Kaiser Franz Joseph und Kaiserin Elisabeth. Das Bild zeigt ihn zusammen mit seiner Gemahlin Kronprinzessin Stephanie im Jahre 1886. Kronprinz Rudolf war Herausgeber des vielbändigen Werkes ›Die Österreichisch-Ungarische Monarchie in Wort und Bild‹. Er zerrüttete seine Gesundheit durch Ausschweifungen und fand schließlich gemeinsam mit seiner Geliebten Mary Freiin von Vetsera den Tod durch Selbstmord. Seine Wohnung lag im 2. Stock der Alten Burg.

Im 2. Stock der Alten Burg befindet sich das Kronprinzen-Appartement. Es stand Kronprinz Rudolf bis zu seinem Tod 1889 zur Verfügung, nachdem es unter der Leitung von Burghauptmann Kirschner 1874 adaptiert worden war. Der Kronprinz blieb auch nach seiner Vermählung 1881 in diesen Räumen. Kronprinzessin Stephanie erhielt die anschließenden Räume des Leopoldinischen Traktes, wo auch beider Tochter Erzherzogin Elisabeth heranwuchs. Zugänge waren über die Säulenstiege, von der Augustinerbastei über den Augustinergang und von der Alten Burg über die nicht mehr bestehende *Vetserastiege* vorhanden. Das Appartement von Kronprinz Rudolf bestand aus folgenden Räumen: Bibliothek, Studierzimmer, Küche, Speisesaal (Ahnensaal), Salon (Türkisches Zimmer), Lernzimmer (Sterbezimmer von Kaiser Franz I., dem Urgroßvater des Kronprinzen), Schlafzimmer, Kavalierzimmer, Räume für Kammerdiener, Saaltürhüter und Garderobe sowie Billardzimmer. Zu den zwölf Bildern, die Kronprinz Rudolf für den holzgetäfelten Ahnensaal wünschte, konnte die Direktion der k.k. Galerie im Belvedere drei beisteuern, für die restlichen neun bewilligte das Obersthofmeisteramt einen Betrag von 20 000 Gulden.

Die Popularität, die Kronprinz Rudolf vor allem in Wien genoß, erklärt sich nicht nur aus seinen Geistesgaben und menschlich sympathischen Charaktereigenschaften, sondern vor allem daraus, daß er Wiener durch und durch war. Er besaß eine bekannte Vorliebe für die Wiener Volksmusik, bevorzugte in seiner Redeweise das Wienerische und zog Wiener Künstler in seine Nähe, so Carl Michael Ziehrer als Liedbegleiter am Klavier, die Schrammeln, insbesondere aber Karl Udel mit seinem Gesangsquartett. Der vielseitige Musiker Udel erzählte in einem Zeitungsbericht vom 13. Februar 1934 über sein letztes Beisammensein mit dem Kronprinzen: »Es war am 5. Jänner 1889, also kaum mehr als drei Wochen vor der Katastrophe von Mayerling. Wieder einmal war ich beim Kronprinzen in der Hofburg. Er war so seltsam ernst, blaß und still. Ich mußte ihm, wie gewöhnlich, seine Wiener Lieblingslieder singen. Eines hatte er besonders ins Herz geschlossen. Es war das bekannte Lied: *Dös hat ka Goethe g'schrieb'n und a ka Schiller dicht*, das Wilhelm Wiesberg eigens für mich verfaßt hat. Dies mußte ich ihm jedesmal vorsingen, wenn wir beisammen waren. Nun sagte er wieder, aber in so einem merkwürdigen Ton, wie mir heute scheint: *Singen Sie mir doch noch einmal dieses Lied!* Ich sang. Der Kronprinz saß auf einem Sessel ohne Lehne, die Ellenbogen auf die Knie gestützt, den Kopf in die Hände vergraben, was sonst nie seine Gewohnheit war. Dann gab er mir die Hand und sagte: *Ich danke Ihnen, daß Sie gekommen sind!* Dies war das letzte Mal im Leben, daß ich ihn sah.«

Dem Franzensplatz zugewandt war das Zeremoniell-Appartement oder Durchgangs-Appartement im 1. Stock des Leopoldinischen Traktes. Es bestand (im Stockwerksplan von links nach rechts) aus Rosenzimmer, Pietradura-Zimmer, Spiegelsaal, Miniaturenkabinett, seinerzeit Arbeitskabinett von Kaiserin Maria Theresia, weiter dem Schlafzimmer von Maria Theresia, Audienzzimmer und Geheimer Ratsstube. Die prunkvoll ausgestatteten Räume bewohnte im 18. Jahrhundert Kaiserin Maria Theresia. Vom 22. März bis 22. April 1782 war darin Papst Pius VI. anläßlich seines Besuches in Wien untergebracht. Zur Zeit Kaiser Franz Josephs dienten die Räume den Mitgliedern des Kaiserhauses und Hofwürdenträgern bei feierlichen Anlässen als Durchgangsräume zur Hofburgkapelle, zum Zeremoniensaal und zu den Redoutensälen. Offiziers- und Mannschaftsgarden standen Spalier. Das Audienzzimmer diente zur Zeit Franz Jo-

Das seinerzeit berühmte Udel-Quartett, ein Gesangsquartett, das am 3. März 1880 debütierte und im kultiviert heiteren Genre des Männerquartetts an vielen europäischen Höfen konzertierte, auch am Wiener Hof und da insbesondere bei Kronprinz Rudolf. Gründer des Quartetts war (Zweiter von links) der vielseitige Musiker Karl Udel (6. Februar 1844, Warasdin – 27. Jänner 1927, Wien). Er gehörte vom 1. September 1869 – dem Eröffnungstag der Hofoper am Ring – bis 1880 dem Wiener Hofopernorchester als Cellist an, wurde 1877 Professor für Violoncello am Wiener Konservatorium und wirkte auch als Klavierbegleiter.

Der Spiegelsaal des Zeremoniellappartements war bei Hoffestlichkeiten der Versammlungsraum der Mitglieder des Kaiserhauses, die hier einen Zug bildeten, der sich unter Führung des Oberzeremonienmeisters zum Festraum bewegte.

Bild rechts oben:
Schlafzimmer von Kaiserin Maria Theresia. Das prunkvolle Himmelbett blieb unter Kaiser Franz Joseph stehen und wurde sogar in den Neunzigerjahren des 19. Jahrhunderts restauriert.

Bild rechts unten:
In der Geheimen Ratsstube des Zeremoniellappartements versammelten sich die Geheimen Räte bei feierlichen Anlässen. Hier verlas der Kaiser die Thronrede bei Eröffnung der Delegationssitzungen auf einem aus diesem Anlaß aufgestellten Thron, und hier wurde der feierliche Akt der Renunziation vollzogen.

Bild rechts oben:
Die Antekammer

Bild rechts unten:
In der Ritterstube fanden vor dem Bau des Zeremoniensaales weit mehr Festlichkeiten statt als danach, darunter die feierliche Taufe von Erzherzogin Maria Theresia, der späteren Kaiserin, am 13. Mai 1717, am Tag ihrer Geburt.

Der Marmorsaal. Für Delegations-Diners diente er als Speisesaal. Der Kaiser hielt hier Cercle bei festlichen Veranstaltungen.

sephs den feierlichen Antrittsaudienzen für Botschafter und Gesandte, wenn sie ihr Beglaubigungsschreiben dem Kaiser überreichten, und ebenso für deren Abschiedsaudienzen. In dem letzten Raum des Appartements an der Seite der Alten Burg, der Geheimen Ratsstube, versammelten sich die Geheimen Räte bei feierlichen Anlässen. Hier verlas der Kaiser die Thronrede bei Eröffnung der Delegationssitzungen. In der Geheimen Ratsstube wurde in Anwesenheit des Kaisers auch der feierliche Akt der Renunziation vollzogen, der Verzichterklärung einer Erzherzogin vor ihrer Verehelichung auf die Thronfolgerechte für sich und ihre Nachkommen. Am 28. Juni 1900, auf den Tag genau 14 Jahre vor dem Attentat in Sarajewo, versammelten sich in der Geheimen Ratsstube unter dem Vorsitz des Kaisers, für den ein Thron im Raum errichtet worden war, der Minister des Äußeren und des kaiserlichen und königlichen Hauses, beide Ministerpräsidenten, die Hofwürdenträger, Kardinal-Fürsterzbischof Dr. Gruscha und der Fürstprimas von Ungarn Dr. Schlauch zur feierlichen Renunziation von Erzherzog Franz Ferdinand. Der Thronfolger mußte, da seine Braut Gräfin Sophie Chotek als nicht ebenbürtig angesehen worden war, für diese und künftige gemeinsame Nachkommen auf die Thronrechte verzichten. Drei Tage später fand die Trauung in Reichstadt in Böhmen statt. Zugleich erhielt Gräfin Chotek vom Kaiser den Titel *Fürstin von Hohenberg*.

Während die zur Zeit Kaiser Franz Josephs als Zeremoniell-Appartement bezeichneten Räume die Wohn- und Arbeitsräume von Kaiserin Maria Theresia waren, dienten zu ihrer Zeit zeremoniellen Zwecken die anschließenden Räume: Marmorsaal, Antekammer, Ritterstube und Trabantenstube. Sie wurden auch von Kaiser Franz Joseph für zeremonielle Zwecke genutzt.

Wie auch an anderen europäischen Fürstenhöfen üblich bekamen ausländische Gäste des Kaisers nach Möglichkeit Quartier in der Hofburg. Für diesen Zweck gab es eine Anzahl von Fremdenappartements. Das größte, für fürstliche Gäste Kaiser Franz Josephs bestimmte war das sogenannte Große Fremdenappartement. Darin wohnte bis zu seinem Tode 1790 Kaiser Josef II. Von 1835 bis zu ihrer Übersiedlung nach Prag 1848 benützten das Appartement Kaiser Ferdinand I. und dessen Gemahlin Maria Anna. Es lag an der Seite des Heldenplatzes im 1. Stock des Leopoldinischen Traktes, hatte eine Bodenfläche von rund 700 m^2 und bestand (im Stockwerksplan von links nach rechts) aus Dienerzimmer, Toilettezimmer, Blauem Schlafzimmer mit prunkvollem Himmelbett, Konversationskabinett, Audienzzimmer, Boulezimmer, Balkonzimmer, Pastellzimmer, Salon, einst Empfangszimmer Kaiser Josefs II., Grünem Salon, Schlaf- und Sterbezimmer Josefs II., weiter Gobelinsalon, Wohnzimmer Josefs II. sowie Vorzimmer für den Zugang von der Zuckerbäckerstiege und Jägerzim-

Feldmarschall Josef Graf Radetzky (2. November 1766, Trzebnitz – 5. Jänner 1858, Mailand). Einer der bedeutendsten und volkstümlichsten österreichischen Heerführer, seit 1788 an fast allen österreichischen Feldzügen beteiligt. In die ersten Jahre der Regierungszeit Kaiser Franz Josephs fallen die Siege des über 80-jährigen Generals bei Santa Lucia und Custozza 1848 sowie bei Mortara und Novara 1849. Von 1850 bis 1856 war er Generalgouverneur des Lombardisch-Venezianischen Königreiches. Das noch heute nach ihm benannte Appartement im 1. Stock der Alten Burg stand Radetzky von 1849 bis zu seinem Tode zur Verfügung. Der verdienstvolle Feldherr durfte jederzeit ohne Anmeldung beim Kaiser erscheinen.

mer. Im Großen Fremdenappartement wohnte der deutsche Kaiser Wilhelm II. anläßlich seines Gratulationsbesuches zum 60. Regierungsjubiläum Kaiser Franz Josephs 1908.

Auch die folgend genannten Fremdenappartements lagen im 1. Stock, und zwar in der Alten Burg das Goess-Appartement mit rund 450 m^2 Fläche, das Schönborn-Appartement im Reichskanzleitrakt mit rund 250 m^2 Fläche und das gelegentlich ebenfalls für Gäste genutzte Stephan-Appartement im Reichskanzleitrakt anschließend an die Räume Kaiser Franz Josephs mit rund 400 m^2 Fläche. Das Radetzky-Appartement mit rund 350 m^2, früher die Wohnung des Kronprinzen und späteren Kaisers Ferdinand I., stand dem großen Feldherrn ab 1849 bis zu seinem Tod 1858 zur Verfügung. Danach wurde es für fremde Gäste genutzt. Im großen dreifenstrigen Salon des fünfräumigen Appartements nahmen oft zum Jahreswechsel der Obersthofmeister des Kaisers und die Obersthofmeisterin der Kaiserin oder die für diesen Abend als Obersthofmeisterin ausersehene Palastdame die Neujahrswünsche des Diplomatischen Korps, des Hofstaates, der Spitzen der Zivil- und Militärbehörden sowie der Geistlichkeit für das Kaiserpaar entgegen. Mit Vollendung des Michaelertraktes 1893 entstanden in dessen 1. Stock zwei neue Fremdenappartements mit je rund 400 m^2 Fläche.

Die Bedeutung der Fremdenappartements zeigte sich noch einmal 1916 anläßlich der Begräbnisfeierlichkeiten für Kaiser Franz Joseph. Obwohl damals eine Reihe von Kaiser- und Königrei-

Im Zeremoniensaal vermittelt am 30. Mai 1908 Thronfolger Erzherzog Franz Ferdinand dem Kaiser vor der versammelten Generalität die Glückwünsche der Armee zum Regierungsjubiläum, eine Darstellung von Wilhelm Gause.

chen mit Österreich im Kriegszustand war, nahmen 73 Mitglieder des europäischen Hochadels daran teil. Davon wurden 20, darunter die Könige von Bayern und Sachsen und der deutsche Kronprinz, in Räumen der Hofburg untergebracht, wobei neben den beschriebenen Fremdenappartements auch Räume im 2. Stock des Leopoldinischen und des Reichskanzleitraktes zur Verfügung gestellt waren. Die übrigen Gäste wohnten in Wiener Adelspalais und in Hotels: Astoria, Bristol, Grand Hotel, Imperial, Krantz und Meissl & Schaden. Es war das letzte Zusammentreffen des europäischen Hochadels auf Wiener Boden.

Zu den schönsten Sälen der Hofburg zählt der Zeremoniensaal, 1802 bis 1806 nach Plänen des Hofarchitekten Louis Montoyer erbaut. Er war in einem dem Leopoldinischen Trakt stadtaußenseitig markant vortretenden Anbau untergebracht, der darum im Volksmund den Namen *Nase* erhielt. Anläßlich der Vermählung Franz Josephs mit Elisabeth in Bayern am 24. April 1854 diente er dem Kaiserpaar als Thronsaal. Die Vermählung selbst wurde am gleichen Tag in der Augustinerkirche vollzogen, wo auch die Kinder des Kaiserpaares Gisela und Rudolf getraut wurden und zwar Erzherzogin Gisela mit Prinz Leopold von Bayern am 20. April 1873 und Kronprinz Rudolf mit der belgischen Prin-

Der Zeremoniensaal, in den Jahren 1802 bis 1806 errichtet. Er ist einer der schönsten Säle der Hofburg. Zur Zeit Kaiser Franz Josephs fanden darin nicht nur zahlreiche prunkvolle Feste statt wie der Ball bei Hof, Galadiner zu Ehren fremder Fürsten, Festtafeln bei Hochzeitsfeierlichkeiten im Kaiserhaus und Hofkonzerte. Er war auch Schauplatz bedeutender staatspolitischer Begebenheiten wie die Eröffnung und der Schluß der Sessionen des Reichsrates.

zessin Stephanie am 10. Mai 1881, während die Vermählung der jüngsten Kaisertochter Marie Valerie mit Erzherzog Franz Salvator am 31. Juli 1890 in Ischl stattfand.

Zur Eröffnung und zum Schluß jeder Reichsratssession versammelten sich die Mitglieder beider Häuser des Reichsrates im Zeremoniensaal. Erstmals am 1. Mai 1861 eröffnete der Kaiser im Zeremoniensaal den Reichsrat. Hier präsidierte er auch den Galadiners zu Ehren fremder Fürsten und den Festtafeln bei Hochzeitsfeierlichkeiten im Kaiserhaus, wenn letztere nicht bei besonders zahlreicher Beteiligung im größeren Redoutensaal abgehalten wurden. Nicht zuletzt fanden im Zeremoniensaal der *Ball bei Hof* wie auch Hofkonzerte statt. Unter Kaiser Franz Joseph wurde der Saal dem Festsaaltrakt baulich eingegliedert.

Am nordwestlichen Ende des Leopoldinischen Traktes liegt, von außen nicht erkennbar, die Kammerkapelle. Sie war, wie schon der Name sagt, die Privatkapelle der kaiserlichen Familie. Eine enge Bindung der Kapelle an die Familie Franz Josephs wurde geschaffen, als die kaiserlichen Kinder Gisela, Rudolf und Marie Valerie anläßlich der silbernen Hochzeit ihrer Eltern 1879 einen Altar stifteten. In der Kammerkapelle heiratete am 23. Jänner 1902 die Tochter von Kronprinz Rudolf, Erzherzogin Elisabeth, den Fürsten Otto Windisch-Graetz.

Außer den angeführten Appartements, die dem Kaiser, seiner Familie und seinen Gästen zur Verfügung standen, gab es in der Hofburg noch zahlreiche Raumgruppen und Räume für den Hofstaat. Die mannigfaltigen Aufgaben der im Hofstaat des Kaisers sowie in dem Hofstaat oder in der Kammer der einzelnen Mitglieder des Kaiserhauses tätigen Personen waren mit deren Amtstitel fest umrissen: Kammer-Türhüter, Saal-Türhüter, Amts-Türhüter, Zimmer-Wärter, Hof-Tafelaufseher, Hof-Tafeldecker, Hof-Silberverwahrer und -Silberverwahrerin, Hof-Silberwäscher und -Silberwäscherin, Hof-Wäscheverwahrerin, Hof-Koch und -Köchin, Hof-Zuckerbäcker, Hof-Leibbüchsenspanner, Hof-Leibkammerdiener und -Leibkammerdienerin, Hof-Leiblakai, Kabinetts-Diener, Kanzlei-Diener, Kassa-Diener, Haus-Diener, Kutscher, Kammerfrau und Kammermädchen, Kindsfrau und Kindsmädchen. Soweit sie in der Hofburg untergebracht waren, lagen ihre Wohnungen

Die Kammerkapelle im Leopoldinischen Trakt, Privatkapelle der kaiserlichen Familie. Den Altar stifteten Erzherzogin Gisela, Kronprinz Rudolf und Erzherzogin Marie Valerie anläßlich der Silberhochzeit ihrer Eltern 1879. Der Maler Hans Canon (13. März 1829, Wien – 12. September 1885, Wien) hat auf dem dreiteiligen Altarbild links Marie Valerie und Rudolf, rechts Gisela mit ihrem Gemahl Leopold von Bayern dargestellt.

Großer Salon von Erzherzogin Sophie, der Mutter von Kaiser Franz Joseph, im 2. Stock des Leopoldinischen Traktes.

im 2., vor allem aber im 3. Stock. Im Jahre 1912 fanden sich auch schon Telefonistinnen da und dort in einem Hofstaat, und die Chauffeure verdrängten damals mehr und mehr die Kutscher.

Von den höheren und hohen Chargen des kaiserlichen Hofstaates wohnten in der Hofburg und zwar im Mezzanin der Alten Burg, des Leopoldinischen Traktes und des Reichskanzleitraktes die Obersthofmeister Fürst Hohenlohe-Schillingsfürst und Fürst Montenuovo, weiter die Generaladjutanten Graf Bellegarde, Freiherr von Bolfras, Freiherr von Mondel und Graf Paar sowie die Burghauptleute Kirschner, Lissek und Nicklas. Im 1. Stock der Stallburg waren die Generaladjutanten Graf Grünne und Graf Folliot de Crenneville untergebracht. Im 1. Stock des Reichskanzleitraktes wohnte der Obersthofmeister von Kaiserin Elisabeth Baron Nopcsa, im 2. Stock der Amalienburg Gräfin Festetics, die Hofdame der Kaiserin. Im 3. Stock des Leopoldinischen Traktes waren die Hofdamen Landgräfin Fürstenberg, Gräfin Mikes, die spätere Gemahlin von Thronfolger Erzherzog Franz Ferdinand Gräfin Chotek, Gräfin Palffy und Gräfin Seczenyi untergebracht. Die Leibärzte Bielka von Karltreu, Kerzl und Eisenmenger hatten im 2. Stock der

Stallburg ihr Quartier. Von den Erziehern und Erzieherinnen – Ajo und Aja genannt – des jungen Erzherzogs Franz Joseph und seiner Brüder wohnten in der Hofburg Alexander Graf Coronini-Cronberg, Franz Freiherr von Gorizutti, Luise Freiin von Sturmfeder, Charlotte Gräfin Schönborn und Ludmilla von Tysebaerth.

Bedeutsame Raumwidmungen in der Hofburg zur Zeit Kaiser Franz Josephs sind in den fünf Stockwerksplänen dargestellt. Die Neue Burg ist dabei nicht erfaßt, weil sich dort – zum Unterschied etwa vom Leopoldinischen oder vom Reichskanzleitrakt – bis zum Ende der Regierungszeit Franz Josephs noch kein höfisches Leben entfaltet hat.

Blick in die Küche einer Zwei-Zimmer-Wohnung der Hofburg, die baulich unverändert aus der Kaiserzeit auf uns gekommen ist. Darin wohnte im 3. Stock des Reichskanzleitraktes die Familie des Hofpoliers Erster Klasse Rudolf Ofner.

Historisch bedeutsame Stiegen

Die *Adlerstiege*, auch *Schwarze Adlerstiege* genannt, liegt im Leopoldinischen Trakt an der Seite der Amalienburg. Hier soll einst ein Adler in den Burghof geflogen sein und sich vor dem Fenster niedergelassen haben, an dem Josef I. stand. Der Kaiser wollte in ihm einen Siegesboten erblicken, und tatsächlich langte bald darauf die Nachricht von Marlboroughs Sieg im Spanischen Erbfolgekrieg über die Franzosen am 23. Juni 1706 bei Ramilliers ein.

Die *Alexanderstiege* in der Amalienburg führt zu dem Appartement, das Zar Alexander I. während des Wiener Kongresses bewohnte.

Die *Batthyanystiege* im Reichskanzleitrakt ist nach dem Erzieher und späteren Obersthofmeister Josefs II., Feldmarschall Karl Fürst Batthyany (1697–1772), benannt, der die Stiege mit Vorliebe benützte.

Die *Botschafterstiege* in der Alten Burg entstand unter Kaiser Karl VI. Über diese erreichten Botschafter und Gesandte fremder Mächte die Zeremoniellräume zu festlichen Empfängen.

Die *Kaiserstiege* im Reichskanzleitrakt hieß früher Reichskanzleistiege oder auch Hauptstiege. Kaiser Franz Joseph benützte sie auf dem Weg vom Franzensplatz in seine Gemächer im 1. Stock.

Die *Säulenstiege* in der Alten Burg wurde wie die Botschafterstiege unter Karl VI. angelegt.

Die *Schatzkammerstiege* im Michaelertrakt ist heute benannt nach dem Komponisten Gottfried von Einem, der in seinen letzten Lebensjahren an dieser Stiege wohnte.

An der *Wäscherstiege* lag im Parterre der Amalienburg die Hofwäschekammer.

Der Name der *Zehrgadenstiege* in der Alten Burg kommt von Zehrgaden, dem Viktualienmagazin der Hofküche, das sich an dieser Stiege im Parterre befand.

Die *Zuckerbäckerstiege* ist benannt nach der Hofzuckerbäckerei, die im Parterre des Leopoldinischen Traktes lag und den gleichen Zugang wie die Stiege hatte. Erzherzog Josef, der spätere Kaiser Josef II. benützte die Stiege, um ungesehen die Burg für nächtliche Abenteuer in der Stadt verlassen zu können.

Historisch bedeutsame Gänge

Der *Adjutantengang* im 1. Stock des Reichskanzleitraktes führte zu den Adjutantenräumen Kaiser Franz Josephs.

Der *Fürstengang* im Mezzanin der Amalienburg ist benannt nach dem Ersten Obersthofmeister Kaiser Franz Josephs, General der Kavallerie Constantin Fürst zu Hohenlohe-Schillingsfürst, dessen Büro an diesem Gang lag. Als auch im Mezzanin des Reichskanzleitraktes ein Fürstengang entstand, erhielt der in der Amalienburg die Bezeichnung *Alter Fürstengang*.

Der *Fräuleingang* im 3. Stock des Leopoldinischen Traktes war mit rund 150 m der längste gerade Gang in der Hofburg. Sein Name stammt aus der Zeit der kinderreichen Kaiserin Maria Theresia, deren weibliches Kammerpersonal – Hofdamen und Kammerfräulein – zu beiden Seiten des Ganges wohnte.

Am *Gondrecourtgang* im 2. Stock der Alten Burg wohnte Generalmajor Leopold Graf Gondrecourt, der 1864 zum Obersthofmeister und Erzieher Kronprinz Rudolfs ernannt wurde, und dessen Frau Obersthofmeisterin Emma Gräfin Gondrecourt.

Der *Johanngang* im 2. Stock des Reichskanzleitraktes liegt vor den Räumen, die Erzherzog Johann als Stellvertreter Kaiser Ferdinands I., der am 18. Mai 1848 nach Innsbruck geflohen war, benützte.

Der *Nopcsagang* im 2. Stock des Reichskanzleitraktes ist nach Franz Baron von Nopcsa benannt, der ab 1868 Obersthofmeister von Kaiserin Elisabeth war.

Der *Theatergang* im 1. Stock der Alten Burg war, als das alte Hofburgtheater noch bestand, interner Zugang von den kaiserlichen Gemächern im 1. Stock in das Theater.

Bedeutsame Raumwidmungen im Parterre der Hofburg
Die Nummern entsprechen denen im Stockwerksplan. Die Jahreszahlen bezeichnen den Zeitpunkt, zu dem die angegebene Raumwidmung bestand und bedeuten im allgemeinen nicht den Anfang oder das Ende dieser Widmung.

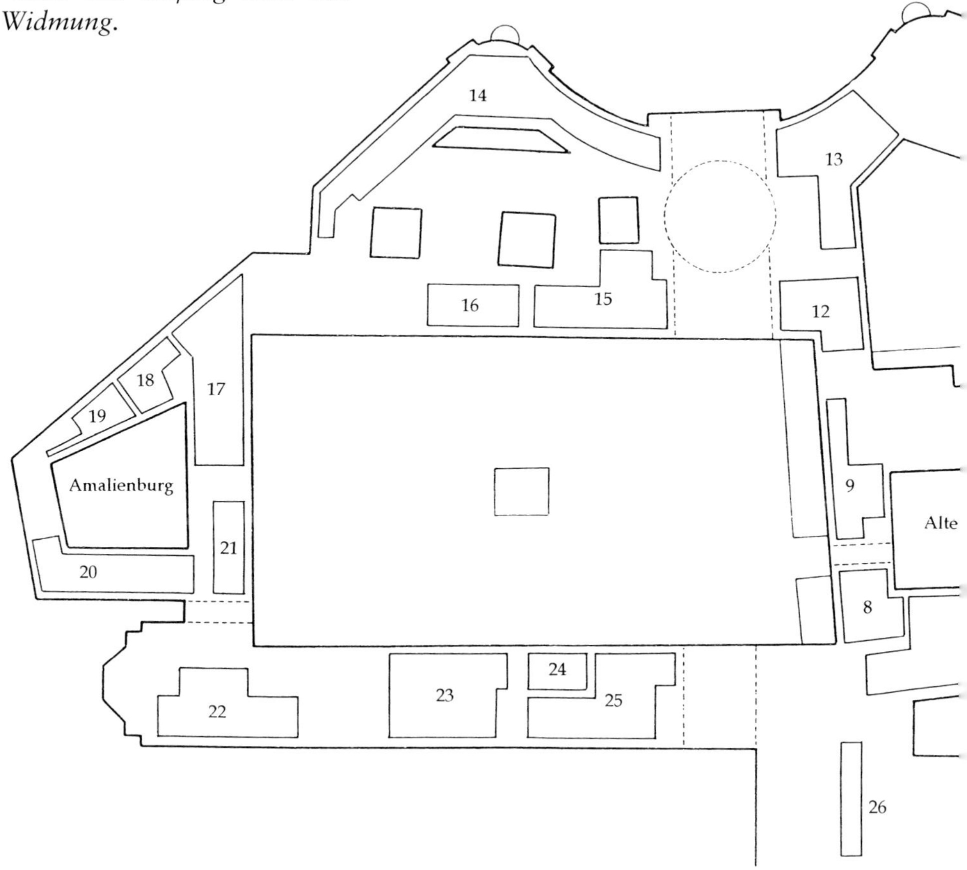

1 Zoologisches Kabinett; 1887 Hofbibliothek
2 1881, 1916 Kutscherwohnung
3 1881, 1902 Pferdestall der Burghauptmannschaft
4 1893 Wagenremise
5 Hofbibliothek
6 1906 Wagenremise des Oberststallmeisteramtes
7 Hofküche mit Mundküche (Kaiserküche)
8 1887, 1916 Diensträume der Leibgarde-Infanterie-Kompanie
9 1849 Prinzenküche; 1881 Hofküche
10 Zehrgaden
11 Redoutenküche
12 Foyer und Zuckerbäckerei des alten Hofburgtheaters
13 Altes Hofburgtheater; 1893 Oberststallmeisteramt; 1902, 1916 Obersthofmeisteramt

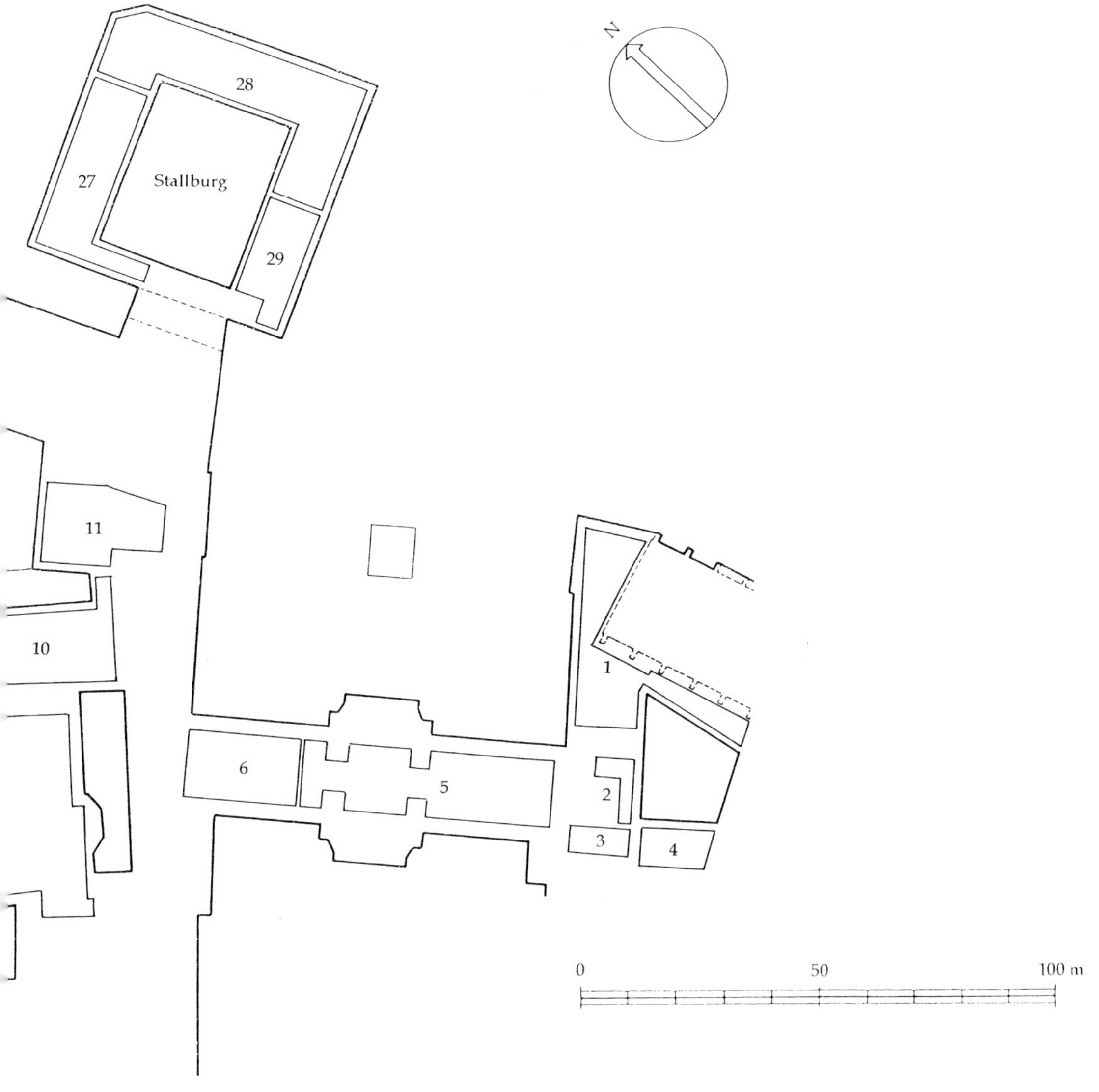

14 *1893 Haus-, Hof- und Staatsarchiv; ab 1902 Hofsilber- und Tafelkammer*
15 *1887 Haus-, Hof- und Staatsarchiv; 1902, Hofwäschekammer*
16 *1893 Hofkontrolloramt; 1902 Hofwirtschaftsamt; 1906 Hofwäschekammer*
17 *Hofwäschekammer; 1902 Oberststallmeisteramt*
18 *1881, 1902 Hoftelegraphenamt*
19 *Sekretariat von Kaiserin Elisabeth*
20 *Hofküche der Kaiserin (auch Einsiedeküche)*
21 *1902 Hoftafelkammer*
22 *1881, 1902 Hofsilberkammer*
23 *Hofzuckerbäckerei*
24 *Manipulationsräume des Hofkellers*
25 *Wachzimmer der Burghauptwache*
26 *1881, 1893 Diensträume der Trabanten-Leibgarde*
27 *Alte Hofapotheke*
28 *Hofzuschrott (Hoffleischhauerei)*
29 *Spanischer Stall*

Bedeutsame Raumwidmungen im Mezzanin der Hofburg.
Die Nummern entsprechen denen im Stockwerksplan. Die Jahreszahlen bezeichnen den Zeitpunkt, zu dem die angegebene Raumwidmung bestand und bedeuten im allgemeinen nicht den Anfang oder das Ende der Widmung.

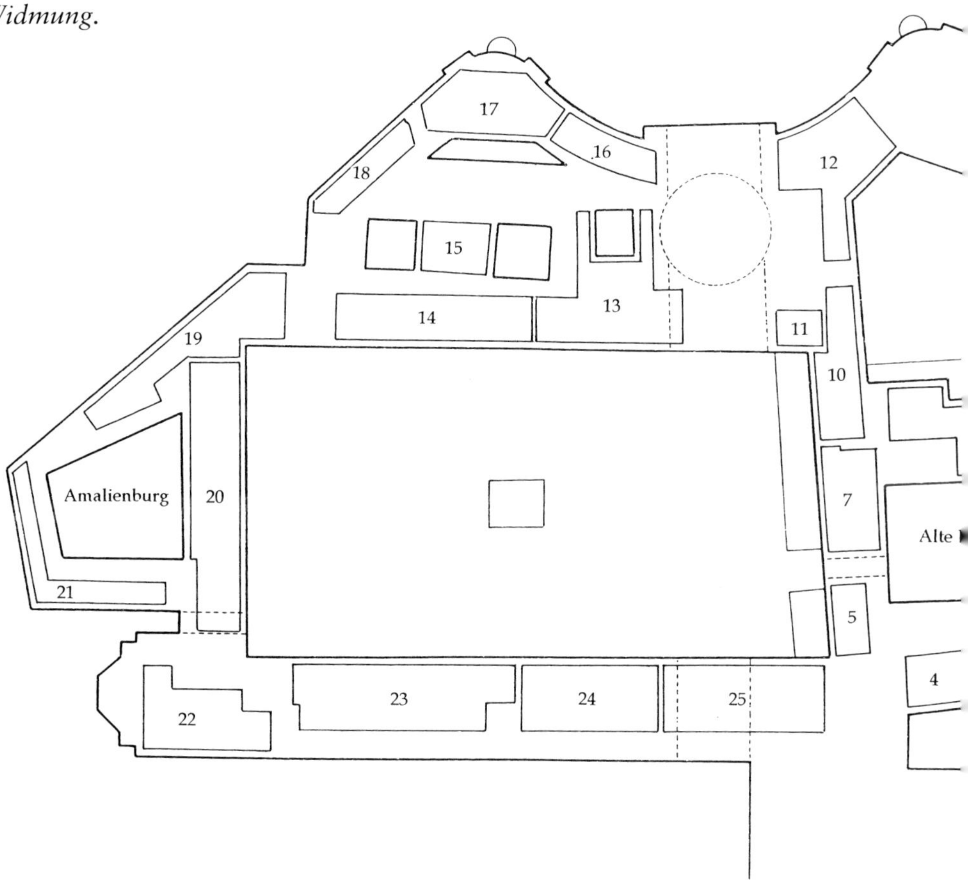

6 *Generaldirektion der Privat- und Familienfonds des Kaisers*
7 *Hofwirtschaftsamt; 1887 Burghauptmann Kirschner; 1893 Burghauptmann Lissek; 1902, 1906 Burghauptmann Nicklas*
8 *Kanzlei der Burghauptmannschaft*
9 *Nebenräume der Redoutensäle*
10 *Schatzkammer*
11 *Tiefes Zimmer des im 1. Stock gelegenen Radetzky-Appartements*
12 *Altes Hofburgtheater; 1893 Generaladjutant Bolfras*
13 *Haus-, Hof- und Staatsarchiv; 1906 Zeremoniell-Departement*
14 *1881 Büro von Obersthofmeister Fürst Hohenlohe-Schillingsfürst (Fürstenbüro); 1906, 1916 Obersthofmeister Fürst Montenuovo*
15 *Rechnungs-Departement; 1906 Obersthofmeisteramt*
16 *Rechnungs-Departement*

1 *Zoologisches Kabinett; 1887 Hofbibliothek*
2 *Hofbibliothek*
3 *Hofburgkapelle mit Nebenräumen*
4 *Diensträume der Arcièren-Leibgarde; 1902 Diensträume von Trabanten-Leibgarde und Leibgarde-Infanterie-Kompanie*
5 *1897 Wachzimmer der königl. ungarischen Leibgarde; 1906 Wachzimmer der Leibgarde-Infanterie-Kompanie*

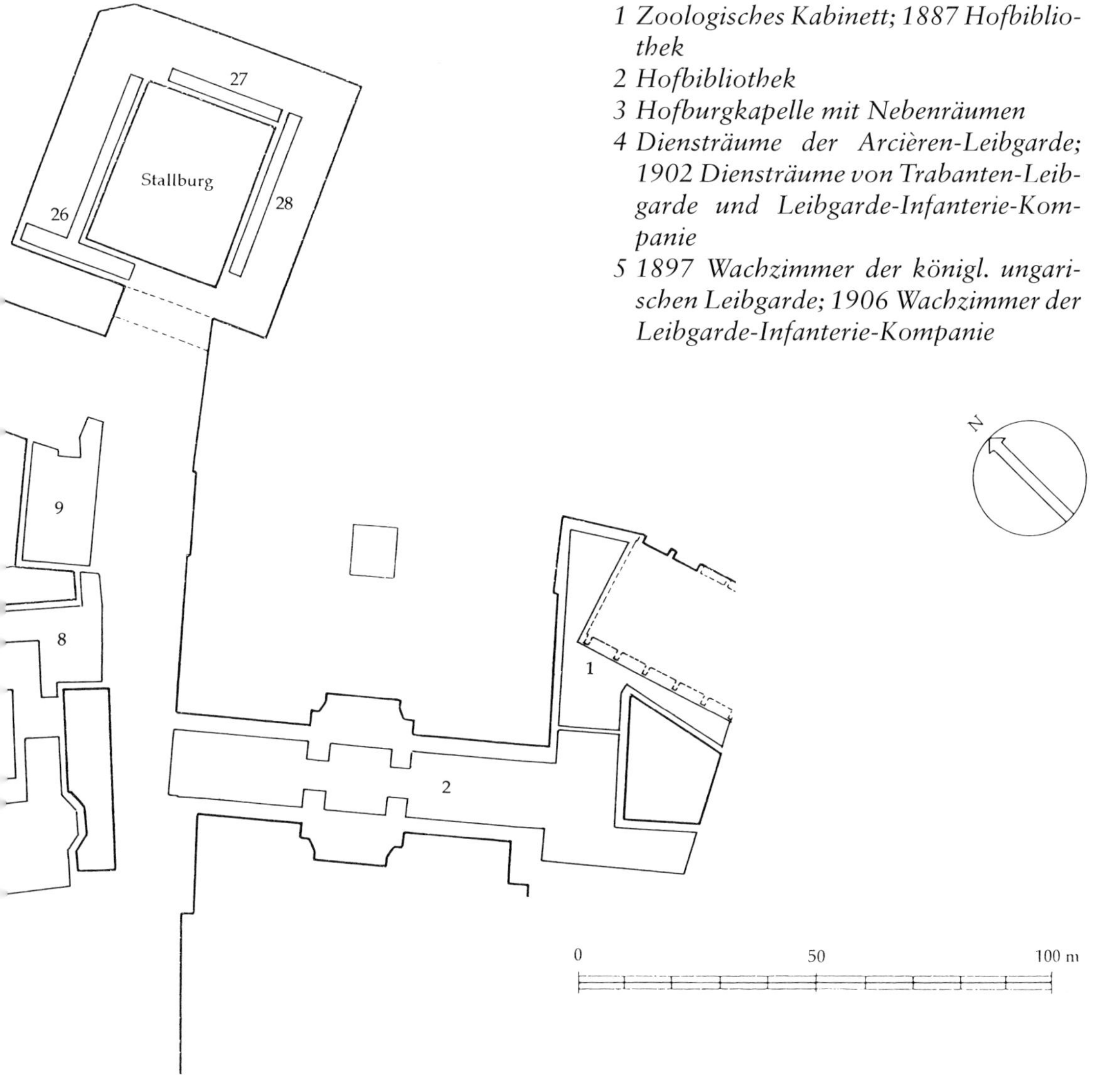

17 *Altes Hofburgtheater; 1902 Hofzahlamt*
18 *Obersthofmarschallamt; 1887 Hofzahlamt; 1893 Obersthofmeisteramt*
19 *Obersthofmeisteramt*
20 *Gisela-Appartement (benannt nach der Tochter Kaiser Franz Josephs)*
21 *1881 Büro von Obersthofmeister Fürst Hohenlohe-Schillingsfürst (Altes Fürstenbüro); 1887 Obersthofmeisteramt*
22 *Kammerkapelle mit Nebenräumen*
23 *Militärkanzlei*
24 *1881 Generaladjutanten Mondel und Bellegarde; 1887, 1916 Generaladjutant Paar*
25 *Militärkanzlei*
26 *Alte Hofapotheke*
27 *Spanischer Stall: Dienstzimmer der Reitskolaren*
28 *1902, 1916 Spanischer Stall: Dienstzimmer der Pferdewärter*

Bedeutsame Raumwidmungen im 1. Stock der Hofburg.
Die Nummern entsprechen denen im Stockwerksplan. Die Jahreszahlen bezeichnen den Zeitpunkt, zu dem die angegebene Raumwidmung bestand und bedeuten im allgemeinen nicht den Anfang oder das Ende dieser Widmung.

1 Zoologisches Kabinett; 1887 Hofbibliothek
2 Hofbibliothek mit dem großen Büchersaal (Prunksaal)
3 Hofburgkapelle mit den Oratorien

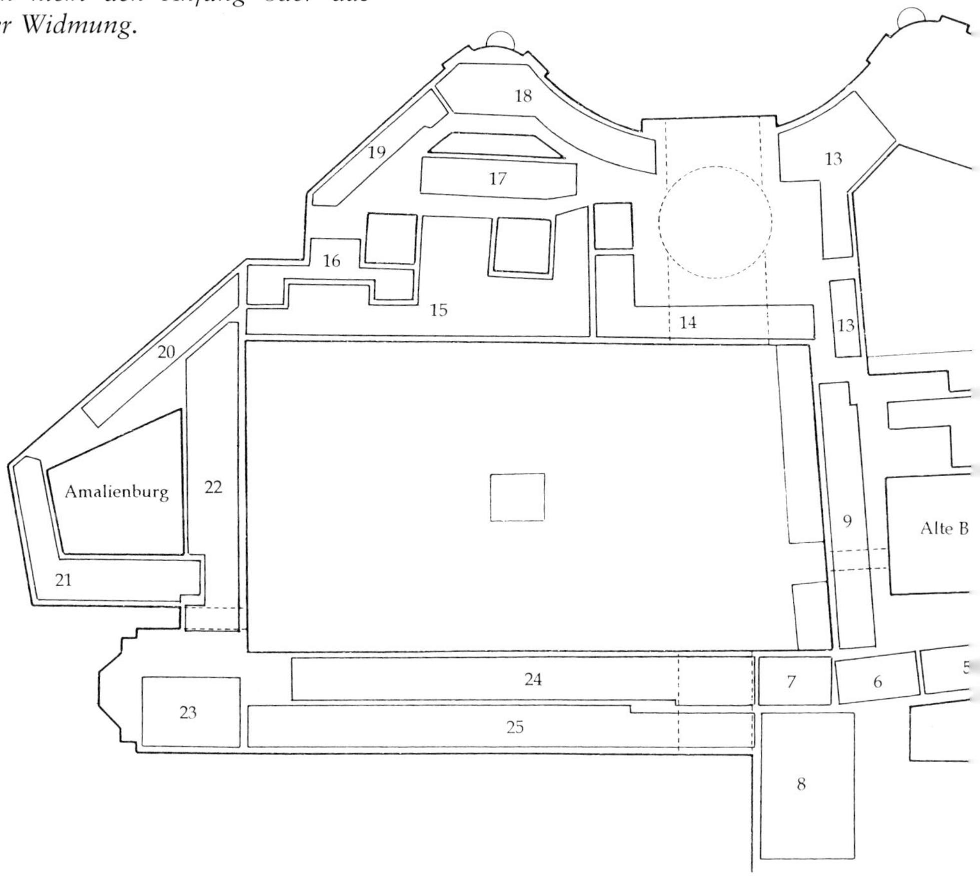

11 Fremdenappartement (Goess-Appartement)
12 Redoutensäle mit Nebenräumen
13 Bis Oktober 1888 altes Hofburgtheater; nach Errichtung des Michaelertraktes neues Fremdenappartement
14 Bis zu dessen Tod 1832 Räume des Herzogs von Reichstadt; von 1848 bis 1867 Wohnung des Erzherzogs Stephan; später für Hofdiners im kleineren Kreis und als Fremdenappartement verwendet (Stephan-Appartement)
15 Appartement von Kaiser Franz Joseph
16 Diensträume der Leibkammerdiener des Kaisers
17 Neues Fremdenappartement (Schönborn-Appartement)
18 Neues Fremdenappartement
19 Räume von Baron Nopcsa, Obersthofmeister Kaiserin Elisabeths; danach Hofbau-Departement
20 Kammer und Bibliothek von Kaiserin Elisabeth

4 Trabantenstube. In früherer Zeit hielt hier die k.k. Trabanten-Leibgarde Wache bei Staatsaktionen in der Ritterstube.
5 Ritterstube
6 Antekammer
7 Marmorsaal
8 Zeremoniensaal
9 Wohnung von Kronprinz Ferdinand, dem späteren Kaiser Ferdinand I., der nach seiner Abdankung 1848 in Prag lebte; 1849 bis 1858 Räume des Feldmarschalls Radetzky; danach Fremdenappartement (Radetzky-Appartement)
10 Wohnung des Obersthofmeisters von Kaiser Franz I.

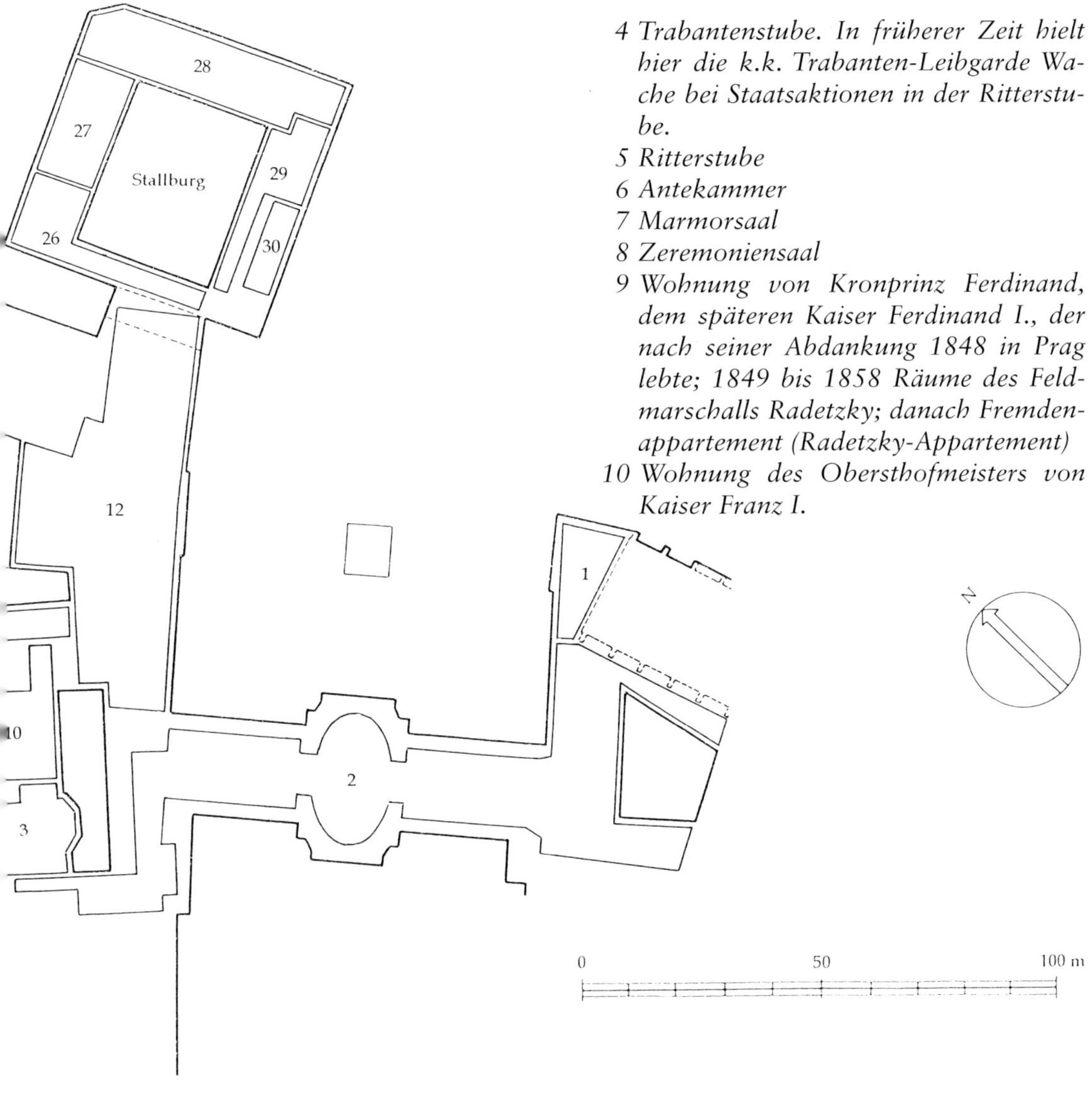

21 1815 Appartement von Zar Alexander I. von Rußland; zur Zeit Kaiser Franz Josephs für Hofdiners im kleineren Kreis und als Fremdenappartement verwendet (Alexander-Appartement)
22 Appartement von Kaiserin Elisabeth
23 Kammerkapelle mit Nebenräumen
24 Zeremoniell-Appartement (Durchgangs-Appartement); bis 1765 Räume von Kaiserin Maria Theresia
25 Großes Fremdenappartement
26 Generaladjutant Graf Grünne; 1887 Obersthofmeisteramt; 1902 Generalintendanz der Hoftheater
27 Wohnung des Hofapothekendirektors
28 Generaladjutant Graf Folliot de Crenneville; 1887 Oberstkämmereramt
29 Generalintendanz der Hoftheater
30 Wohnung des Leibkammerdieners von Kaiser Franz Joseph, Josef Hornung; 1902 Generalintendanz der Hoftheater

Bedeutsame Raumwidmungen im 2. Stock der Hofburg.
Die Nummern entsprechen denen im Stockwerksplan. Die Jahreszahlen bezeichnen den Zeitpunkt, zu dem die angegebene Raumwidmung bestand und bedeuten im allgemeinen nicht den Anfang oder das Ende dieser Widmung.

1 *Zoologisches Kabinett; 1887 Haus-, Hof- und Staatsarchiv; 1902 Hofbibliothek*
2 *Hofbibliothek: Prunksaal*
3 *Hofburgkapelle mit Nebenräumen*

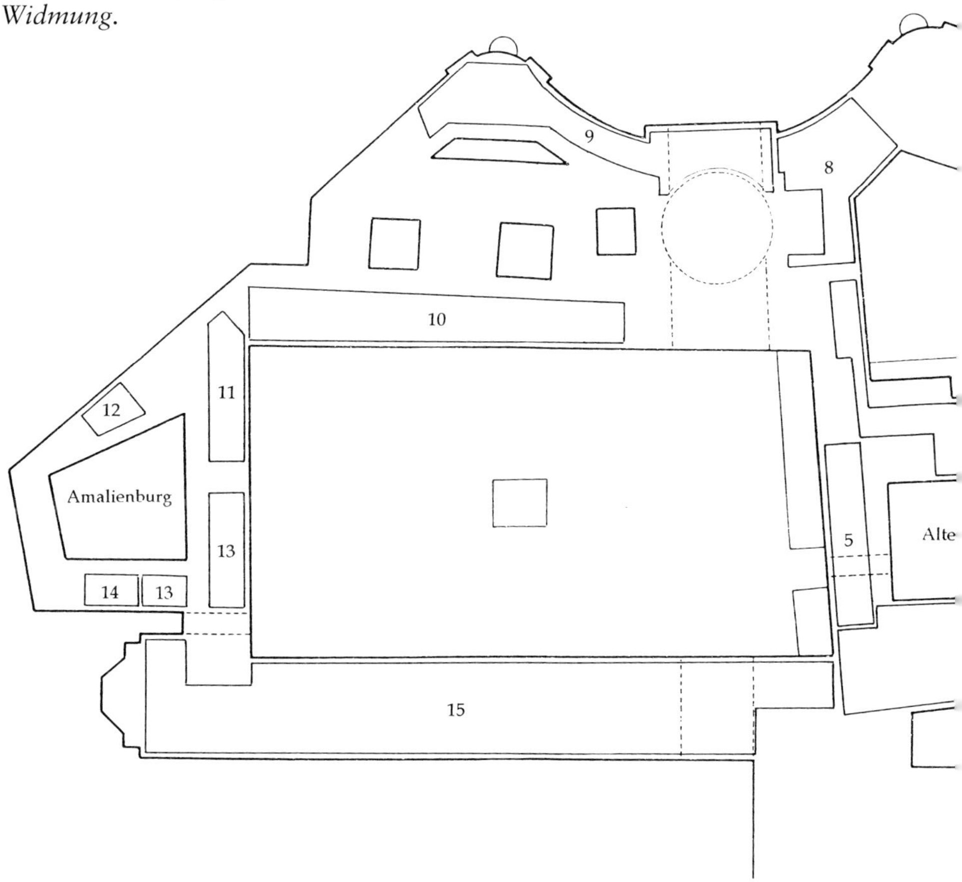

7 *Redoutensäle mit Nebenräumen*
8 *Altes Hofburgtheater; 1893 Haus-, Hof- und Staatsarchiv; danach Diensträume der Arcièren-Leibgarde und der königl. ungarischen Leibgarde*
9 *1893 Haus-, Hof- und Staatsarchiv; danach Rechnungs-Departement*
10 *Appartement Erzherzog Johann; 1882 Appartement von Erzherzogin Marie Valerie (der gegen die Amalienburg gelegene Teil der Räume)*
11 *Wohnung von Leibkammerdiener Ketterl*
12 *Wohnung der Hofköchin von Kaiserin Elisabeth, Therese Teufl. Sie ist 1934 im Alter von 94 Jahren in ihrer Wohnung in der Hofburg gestorben.*
13 *Gräfin Marie Festetics, Hofdame von Kaiserin Elisabeth*
14 *Räume der Flügeladjutanten*

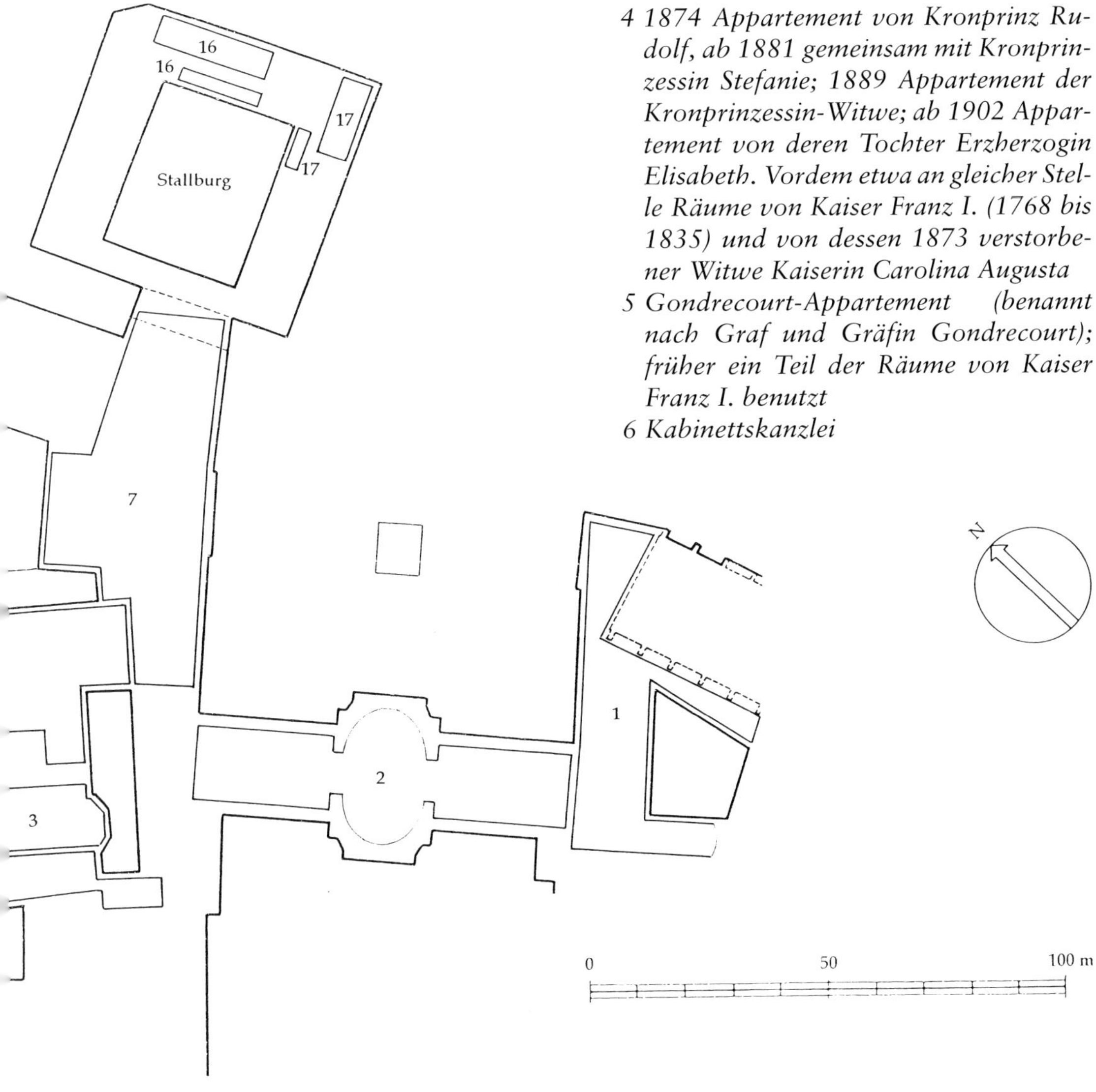

4 *1874 Appartement von Kronprinz Rudolf, ab 1881 gemeinsam mit Kronprinzessin Stefanie; 1889 Appartement der Kronprinzessin-Witwe; ab 1902 Appartement von deren Tochter Erzherzogin Elisabeth. Vordem etwa an gleicher Stelle Räume von Kaiser Franz I. (1768 bis 1835) und von dessen 1873 verstorbener Witwe Kaiserin Carolina Augusta*
5 *Gondrecourt-Appartement (benannt nach Graf und Gräfin Gondrecourt); früher ein Teil der Räume von Kaiser Franz I. benutzt*
6 *Kabinettskanzlei*

15 *Appartement von Kaiserin Maria Theresia als Witwe 1765 bis 1780; teilweise Räume von Kaiser Franz II. (I.) anschließend an seine Räume in der Alten Burg; 1824 bis 1878 Franz-Karl-Appartement und Sophien-Appartement (Appartements der Eltern von Kaiser Franz Joseph) mit den Wohnräumen Erzherzog Franz Josephs als Kind; danach Teile davon Appartement der Erzherzogin Elisabeth, Tochter von Kronprinz Rudolf; 1890 ebenfalls teilweise Räume von Erzherzog Franz Ferdinand*
16 *1887, 1893 Wohnung von Leibarzt Dr. August Bielka von Karltreu; 1902, 1906 Wohnung von Leibarzt Dr. Josef Kerzl; 1906 Wohnung von Leibarzt Dr. Victor Eisenmenger*
17 *Altenwohnung von Leibkammerdiener Josef Hornung, der hier 1905 im 91. Lebensjahr starb.*

Bedeutsame Raumwidmungen im 3. Stock der Hofburg.
Die Nummern entsprechen denen im Stockwerksplan. Die Jahreszahlen bezeichnen den Zeitpunkt, zu dem die angegebene Raumwidmung bestand und bedeuten im allgemeinen nicht den Anfang oder das Ende dieser Widmung.

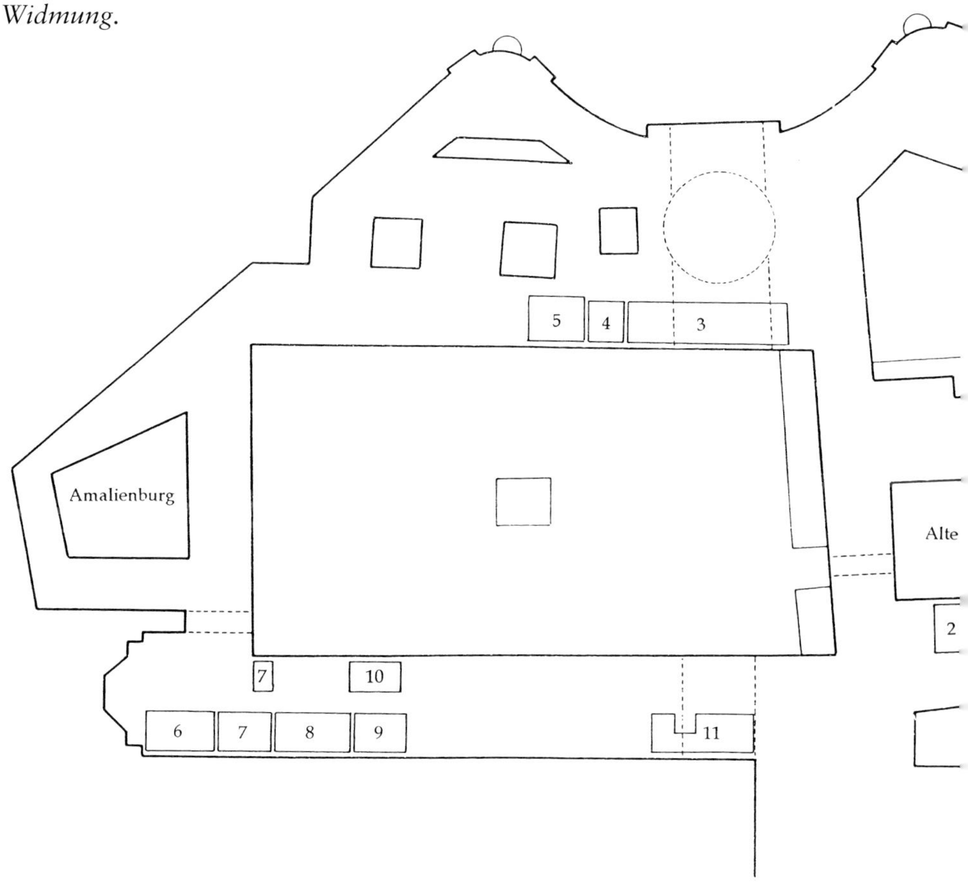

1 *Zoologisches Kabinett; 1887 Haus-, Hof- und Staatsarchiv; 1902 Hofbibliothek*

2 *Um 1881 Ankleideräume der Strauß-Kapelle*

3 *1881, 1889 Feldzeugmeister Baron Beck; 1902, 1916 zum Teil Wohnung von Leibkammerdiener Spannbauer*

4 *1906, 1916 Wohnung des Leibmasseurs von Kaiser Franz Joseph, Karl Koch. Er massierte morgens um 4 Uhr den Kaiser, den er auch in die Manöver, nach Budapest und nach Ischl begleitete.*

5 *1902 Wohnung des Ehepaares Feifalik, Sekretär und Leibfriseurin von Kaiserin Elisabeth*

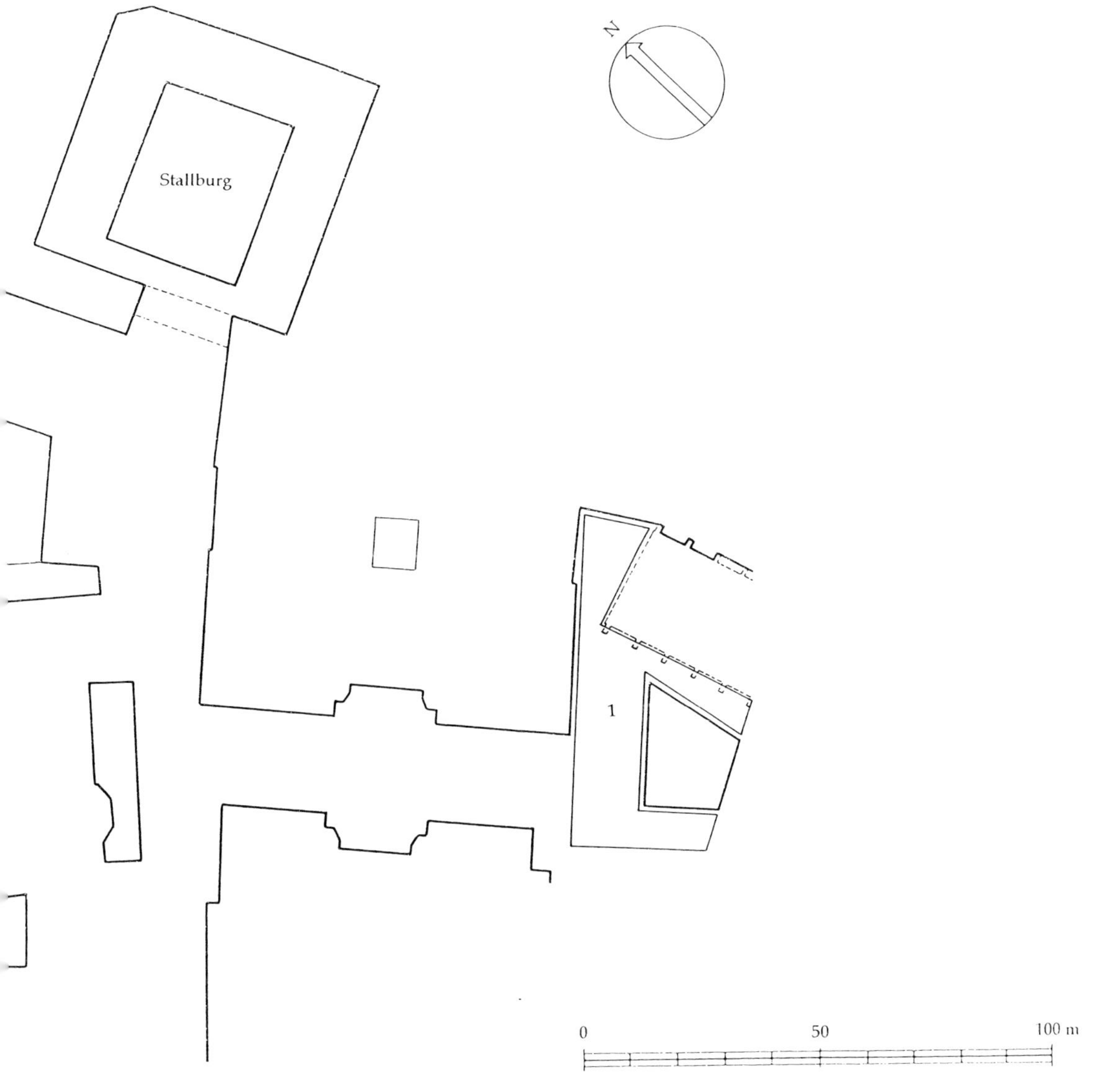

6 1881, 1887 Hofdame Landgräfin Fürstenberg; 1893 Hofdame Gräfin Mikes

7 1889, 1893 Hofdame Gräfin Chotek, spätere Gemahlin von Thronfolger Erzherzog Franz Ferdinand

8 1887, 1893 Hofdame Gräfin Palffy

9 Flügeladjutanten

10 Albert Ritter von Margutti, Flügeladjutant des Generaladjutanten Graf Paar

11 1887 Hofdame Gräfin Seczenyi

Der Kaiser als Bauherr

Die Burgbauten aus der Zeit Kaiser Franz Josephs sind im Zusammenhang mit der gesamten baulichen Entwicklung der Hofburg zu sehen. Seit dem Jahre 1279, in dem die Hofburg zum ersten Mal aus dem Dunkel der Geschichte auftaucht, hat sich diese Entwicklung in drei großen Phasen vollzogen. Die erste Phase, die mit der Abwehr der Türken 1683 und den anschließenden militärischen Erfolgen des Prinzen Eugen ihren Abschluß fand, zeigt die Burg nicht als Ausdruck fürstlicher Prachtentfaltung, sondern als eine Festungsanlage. Die damals entstandenen Bauten – Alte Burg, Stallburg, Amalienburg – sind freistehend und geschlossen um Innenhöfe angelegt.

Die Errichtung des Leopoldinischen Traktes, der schon knapp vor der zweiten Türkenbelagerung vollendet war, leitet zur zweiten Bauphase über, mit der die Ausgestaltung der Hofburg unter Karl VI. (1685–1740) zu einer prunkvollen Anlage barocker Prägung erfolgte. Die bedeutendsten Baumeister Österreichs – Johann Lucas von Hildebrandt, Johann Bernhard Fischer von Erlach, Joseph Emmanuel Fischer von Erlach – schufen damals mit dem Reichskanzleitrakt, dem Prunksaaltrakt und der Winterreitschule jene Bauteile, die das Erscheinungsbild der Wiener Burg bis heute entscheidend beeinflussen.

Die dritte Bauphase wurde 1809 mit dem Befehl Napoleons I. zur Sprengung der Burgbastionen eingeleitet, an deren Stelle später Volksgarten, Heldenplatz und Burggarten entstanden. Die Entschließung Kaiser Franz Josephs I. von 1857 zur gänzlichen Beseitigung der Stadtbefestigungen, in deren Folge die Ringstraße entstand, war Grundlage für die bis in das 20. Jahrhundert reichende Erweiterung des Burgkomplexes durch Corps de Logis, Neue Burg, Festsaaltrakt und Palmenhaus. Der schon unter Karl VI. begonnene Bau des Michaelertraktes wurde unter Kaiser Franz Joseph vollendet.

Wie der Baualtersplan auf dem Vor- und Nachsatzblatt des Buches zu erkennen gibt, sind die baulichen Erweiterungen aus der Regierungszeit Franz Josephs die ausgedehntesten in der Geschichte der Wiener Hofburg. Die Voraussetzung dafür war zunächst, daß der Befestigungsbereich zwischen der Altstadt und den Vorstädten verbaut werden konnte. Dieser Bereich bestand aus der Stadtmauer mit ihren Basteien, dem Stadtgraben und der großen Freifläche des Glacis, die einem gegen die Stadt vorrückenden Feind keinen Schutz bieten sollte. Freilich hatte dieses Befestigungssystem im Laufe der Jahrhunderte an Bedeutung verloren. Während es für die Abwehr der Türken 1529 und 1683 entscheidend war, galt das für den Angriff der Franzosen 1809 nicht mehr. So konnte sich Kaiser Franz Joseph 1857 entschließen, die Stadtbefestigungen aufzulassen. Unter Einbeziehung von Teilen dieser Stadtbefestigungen wurde 1869 – im Jahr der Eröffnung des benachbarten neuen Hofoperngebäudes – der Danubiusbrunnen nach einem Entwurf von Moriz Löhr und mit Figuren von Johann Meixner angelegt und am 24. Dezember gleichen Jahres, dem Geburtstag von Kaiserin Elisabeth, in aller Stille enthüllt.

Der Fall der Stadtbefestigungen und die Einebnung des Geländes hatten insbesondere in dem Bereich vor der Hofburg starke und von den Wienern zunächst schmerzlich empfundene Veränderungen zur Folge. Mit der Löwelbastei verschwand 1872 auch das *Paradeisgartl,* von dem aus man über die Vorstädte bis zu den Wienerwaldbergen sehen konnte, und wo Joseph Lanner (1801–1843) und Johann Strauß Vater (1804–1849) konzertierten. Letzterer widmete dem Volksgarten 1843 seine *Volksgarten-Quadrille.* Dem großen österreichischen Feldherrn setzte er 1848 mit seinem unvergänglichen *Radetzkymarsch* ein musikalisches Denkmal. Nach dem Fall der Stadtbefestigungen konnte der Volksgarten zur Löwelstraße und zur künftigen Ringstraße hin erweitert werden. Das Cortysche Kaffeehaus wurde zu einem Kaffee-Restaurant großen Stils ausgebaut, in dem fast täglich Konzerte gegeben wurden. Es spielte das Orchester der drei Brüder Strauß, es spielten Militärkapellen und in der letzten Lebenszeit Franz Josephs das Lehar-Orchester.

Sehr bald nach dem Fall der Stadtmauern wurde die Errichtung von Erweiterungsbauten der Hofburg auf dem nun verfügbaren Grund ins Auge gefaßt. Aber erst nach jahrelangen Auseinandersetzungen und Erörterungen über Standort und Gestalt dieser Bauten, insbesondere der Hofmuseen, an denen die *Ringstraßenarchitekten* Heinrich Ferstel, Theophil Hansen, Karl Hasenauer und Friedrich Schmidt beteiligt waren, wurde der in Zürich als Professor der Baukunst wirkende Hamburger Gottfried Semper beigezogen, zunächst als Gutachter. Durch den Oberstkämmerer Graf Folliot de Crenneville ließ der Kaiser Ende März 1869 Semper zu einer persönlichen Aussprache über den Museumsbau einladen. Sie fand, da sich Franz Joseph nicht in Wien aufhielt, in Ofen statt, wo Semper überaus ehrenvoll empfangen wurde, in der königlichen Burg wohnte und mit dem Kaiserpaar speiste. Am 13. April 1869 wurde er in Wien nochmals in Audienz empfangen, wobei der Kaiser empfahl, einen der bereits mit der Aufgabe befaßt gewesenen Architekten als Mitarbeiter zu nehmen. Semper ging darauf ein und entschied sich für Ha-

Gottfried von Semper (29. November 1803, Hamburg – 15. Mai 1879, Rom) Er war von 1834 bis 1849 Professor der Baukunst in Dresden, wo er das Hoftheater plante, und von 1855 bis 1871 im gleichen Fach in Zürich, dessen Polytechnikum auf seine Pläne zurückgeht. Danach wurde er vom Kaiser nach Wien berufen und gestaltete gemeinsam mit dem ihm beigeordneten Karl Hasenauer das Kaiserforum am Ring mit der Neuen Burg, den Hofmuseen und dem Hofburgtheater. Sempers theoretisches Werk – vor allem sein Hauptwerk: Der Stil in den technischen und tektonischen Künsten – war ebenso wie sein praktisches Werk von großem Einfluß auf die Baukunst bis ins 20. Jahrhundert. Er war der Begründer des modernen Theaterbaues.

Karl Freiherr von Hasenauer (20. Juli 1833, Wien – 4. Jänner 1894, Wien). Zusammen mit Gottfried Semper schuf er 1871–1881 die Hofmuseen und 1874–1888 das Hofburgtheater. Von 1881–1894 arbeitete er an der Neuen Hofburg, die bei seinem Tod bis zur Dachgleiche gediehen war. Die architektonische Ausgestaltung des Maria-Theresien-Denkmals und des Grillparzer-Denkmals geht auf ihn zurück.

Der letzte Bauleiter des kaiserlichen neuen Hofburgbaues Ludwig Baumann (11. Mai 1853, Seibersdorf bei Troppau – 6. Februar 1936, Wien). Baumann, der am Polytechnikum in Zürich bei Gottfried Semper studiert hatte, schuf in den letzten Jahrzehnten vor dem Ersten Weltkrieg neben einer Zahl anspruchsvoller Wohnhäuser unter anderem das Kriegsministerium (heute Regierungsgebäude) am Stubenring, das Handelskammergebäude ebendort und die k.k. Konsularakademie (heute Botschaft der Vereinigten Staaten von Amerika) in der Boltzmanngasse, sowie in Berndorf die St. Margarethenkirche und in Pola das Marinekasino, für dessen Bau sich Erzherzog Franz Ferdinand besonders interessierte. Im Jahre 1907 wurde er zum Burgbauarchitekten bestellt. Auf ihn geht die Planung der Prunkstiege in ihrer endgültigen Form und des Festsaaltraktes zurück. Im übrigen führte er die Neubauten der Hofburg weiter. Am 1. Jänner 1916 wurde Baumann zur Kriegsdienstleistung einberufen. Im Jahre 1922 endete formell seine Tätigkeit als Burgbauarchitekt. Die Fotografie zeigt ihn als Major im Ersten Weltkrieg.

senauer. Im Juni 1869 begab sich Hasenauer nach Zürich, um von Semper erste Entwürfe in Empfang zu nehmen, an denen er noch einige Einzelheiten ausführte. Diese Entwürfe legte Hasenauer in der Audienz am 2. Juli 1869 dem Kaiser auf dessen Wunsch vor, der offenbar starkes Interesse daran bekundete. Hasenauer gestand, er sei »ganz verblüfft« gewesen »über das Verständnis und das fachmännische Urteil«, das der Monarch bewies. Der Kaiser legte sich aber noch nicht endgültig auf das Semper-Hasenauersche-Projekt fest. Er entließ Hasenauer mit den Worten »Vom Ansehen gefällt es mir sehr – Nun werde ich erst die Sache studieren!« Er gab denn auch die Pläne dem Obersthofmeister Fürst Hohenlohe-Schillingsfürst zur Stellungnahme. Am 22. Juli erschien Hasenauer neuerlich beim Kaiser, und an diesem Tage war die Erbauung des Burg-Museum-Forums eine beschlossene Sache. Am 23. Dezember 1869 reiste Semper selbst nach Wien, und nun kamen die offiziellen Besprechungen mit dem Obersthofmeister.

Teilansicht der 130 m langen Feststiege der Neuen Burg. Die Prunkstiege ist, wie es hieß, eines Kaiserpalastes vollkommen würdig und gewiß eine der imposantesten Treppenanlagen der Welt. In ihrer Gesamtheit ist die Stiegenanlage fotografisch nicht erfaßbar.

Im Herbst 1871 begann der Erdaushub für die Museen, 1881 waren die Bauten nach außen fertig. Die ungemein aufwendige innere Ausgestaltung zog sich freilich noch Jahre hin. Am 10. August 1889 nahm der Kaiser die Eröffnung des Naturhistorischen Museums vor. Nach einem Rundgang durch das Haus ließ sich der Monarch einige anwesende Persönlichkeiten vor-

Der im Bau befindliche Verbindungstrakt von der Neuen Burg zum Palmenhaus im Burggarten auf einer Aufnahme vom 20. August 1905, der noch vor Vollendung der Neuen Burg abgetragen wurde, weil er den Blick zum Prunksaaltrakt behinderte.

stellen, darunter den berühmten Arzt Geheimrat Professor Virchov aus Berlin. Am 17. Oktober 1891 fand schließlich die feierliche Eröffnung des Kunsthistorischen Museums durch den Kaiser statt, der sich wieder ein Rundgang Franz Josephs durch das Gebäude anschloß.

Die Vollendung des unter Karl VI. begonnenen Michaelertraktes der Hofburg setzte den Bau eines neuen Hofburgtheaters an anderer Stelle voraus, dem ebenfalls die Pläne von Semper und Hasenauer zugrunde lagen. Am 16. Dezember 1874 fand der erste Spatenstich zum Bau des nun an der Ringstraße liegenden neuen Hauses statt, das am 14. Oktober 1888 – zwei Tage nach der Abschiedsvorstellung im alten Hofburgtheater – feierlich eröffnet wurde.

Nachdem die beiden Hofmuseen weitgehend fertiggestellt waren und der Bau des Hofburgtheaters bedeutende Fortschritte gemacht hatte, bewilligte der Kaiser am 9. August 1881 die Errichtung der Neuen Burg nach dem ihm vorgelegten Entwurf von Semper und Hasenauer. Der Bau sollte nach einer Festlegung des Hofbaukomitees neben Repräsentationsräumen im 1. Stock die Gemächer für Kaiser und Kaiserin, im 2. Stock Beamtenwohnungen enthalten. Der Erdaushub begann am 7. Jänner 1882. Franz Joseph stand dem Bau zurückhaltend gegenüber, vielleicht deshalb, weil dessen Dimensionen nicht seinem Lebensstil entsprachen, vielleicht auch, weil der Neuen Burg naturgemäß die Geschichtlichkeit fehlen mußte, die etwa bei dem Leopoldinischen oder dem Reichskanzleitrakt spürbar war und ihn im Gedanken mit seinen Vorfahren verband. Im April 1895 schrieb Franz Joseph der Kaiserin: »... Um 10 Uhr ging ich mit Hohenlohe auf den Bauplatz des neuen Burgtraktes und in den Kaisergarten, um den Bau von außen zu besichtigen und einige Fragen zu entscheiden. Die Arbeiten sind sehr schön ausgeführt, aber es ist noch so unendlich viel zu thun, daß wir wohl nie diese Räume benützen werden ...«. Nach dem gewaltsamen Tod Elisabeths 1898 hatte Franz Joseph vollends die Freude an der Neuen Burg verloren. Die unaufhörlichen Mißhelligkeiten zwischen den Architekten und den Beamten wurden ihm begreiflicherweise zuwider, und es wird erzählt, daß er, wenn ihn der Wagen über den Heldenplatz führte, ostentativ den Blick von der Neuen Burg abwandte. Im Jahre 1906 übertrug er die Fürsorge für den Bau dem Thronfolger Erzherzog Franz Ferdinand. Aber auch er bekundete nur wenig Sympathie für den Bau, mit dessen Leitung nach dem Tod Hasenauers 1894 – Semper war bereits 1879 gestorben – unter anderen Friedrich Ohmann ab 1899 und zuletzt ab 1907 Ludwig Baumann betraut waren. Da die interessierte entschlossene Hand eines Bauherrn fehlte, kam es immer wieder zu Umplanungen, ja selbst bereits früher errichtete Teile des Baues wurden wieder abgebrochen. Zwischen Erzherzog Franz Ferdinand und dem Hofburgarchitekten Baumann bestand

Die Burggartenseite der Neuen Burg nach äußerer Vollendung des Baues.

gutes Einvernehmen. In einer Audienz beim Erzherzog auf dessen Schloß Konopischt in Böhmen, in der Baumann mehrere Varianten für die Prunkstiege vorlegte, wurde die dann ausgeführte Form der Stiege genehmigt. Auf Baumann geht auch die Planung des Verbindungstraktes zwischen Alter und Neuer Burg zurück, der den über 1000 m^2 großen, ursprünglich als Thronsaal gedachten Festsaal enthält. Im übrigen war es Baumanns Aufgabe, den Burgbau so rasch als möglich weiter und zu Ende zu führen. Tatsächlich konnte das Corps de Logis 1916 an das Obersthofmeisteramt übergeben werden. Die übrigen Teile des Neubaues waren bis zum Tode Franz Josephs in ihrem Äußeren fertiggestellt. Im Jahre 1916 wurde Baumann zur Kriegsdienstleistung einberufen.

Für das Stadtbild Wiens von besonderer Bedeutung war der Michaelertrakt, der schon in der ersten Hälfte des 18. Jahrhunderts von Karl VI. nach den Plänen Joseph Emanuel Fischers von Erlach in Ansätzen zu bauen begonnen worden war. Am 29. April 1889 stimmte der Kaiser der Vollendung des Michaelertraktes zu und betraute den Burghauptmann Kirschner mit der Ausführung. Kirschner ging, wie er bemerkt, *im Sinne und Geiste des ursprünglichen Projektes* an das Werk. Er paßte jedoch die Pläne Fischers den nach über eineinhalb Jahrhunderten erforderlichen technischen Veränderungen an. So sind die 34 m hohe mächtige Mittelkuppel und die Geschoßdecken ebenso wie das Dachtragwerk und die Geschoßdecken der Neuen Burg Stahlkonstruktionen. Eine elektrische Beleuchtung wurde installiert sowie ein elektrisch betriebener Personenaufzug und ein ebensolcher für Brennmaterial. Die Bauarbeiten machten alsbald gute Fortschritte. In seinem Brief vom 13. April 1893 berichtet Franz Joseph der Kaiserin, er habe mit Obersthofmeister Fürst Hohenlohe-Schillingsfürst den Bau außen und innen angesehen und sei sehr zufrieden gewesen. Unter allen Teilen der Burg, ja der Ringstraße, erforderte der Michaelertrakt die relativ kürzeste Bauzeit. Schon 1893 war das Gebäude fertiggestellt, an dessen Fassade eine Steintafel das alte Burgtheater in Erinnerung bringt. Die monumentalen Brunnengruppen gegen den Michaelerplatz *Macht zur See* des Bildhauers Rudolf Weyr und *Macht zu Lande* von Edmund Helmer wurden in den Jahren 1895 und 1897 aufgestellt. In der Mitte der Michaelerfassade der Hofburg befindet sich das durch drei Geschoße reichende prächtige schmiedeeiserne Tor, das im Durchblick zur Michaelerkirche zu einem Wahrzeichen Wiens geworden ist. Damit hatte zur Zeit Kaiser Franz Josephs die Hofburg erstmals einen ihr gemäßen repräsentativen Eingang an ihrer Stadtseite erhalten. Er liegt in der Hauptachse der Hofburg, die vom Kohlmarkt durch die Eingangshalle unter der neuen eindrucksvollen Michaelerkuppel über den Franzensplatz durch den Leopoldinischen Trakt und über den Heldenplatz zum Äußeren Burgtor führt.

Die Babenbergerstraße auf einer Ansichtskarte von 1911. Im Hintergrund ist die nach außen fertiggestellte Neue Burg mit dem Corps de Logis zu sehen. Ganz links das Kunsthistorische Museum.

Der Kaiser als Auftraggeber von Bildhauern und Malern

In der Zeit Kaiser Franz Josephs ist eine große Zahl bedeutender Denkmäler geschaffen worden, davon sechs im Bereich der Hofburg. Schon 1853 begann der Bildhauer Anton Fernkorn mit der Arbeit an seinem Erzherzog-Karl-Denkmal, das am 22. Mai 1860 in Gegenwart des Kaisers feierlich enthüllt wurde. Am 18. Oktober 1865 wurde das Gegenstück, das ebenfalls von Anton Fernkorn geschaffene Prinz-Eugen-Denkmal, zum 200. Geburtstag von Prinz Eugen in Anwesenheit des Kaisers, der Kaiserin, der in Wien anwesenden Erzherzoge und einer unübersehbaren Menschenmenge feierlich enthüllt. Den Steinsockel der Denkmäler entwarf Eduard Van der Nüll, einer der beiden Schöpfer der Hofoper. Die beiden kühnen Reiterstandbilder gaben dem früheren Paradeplatz den Namen Heldenplatz. Es sind Meisterwerke des Kunsterzgusses aus der Wiener k.k. Erzgießerei auf der Wieden, deren Direktor Fernkorn war. Die Denkmäler standen schon vor Errichtung der Neuen Burg und bestimmten deren Gestalt mit. Vor allem die Mittelachse war mit ihnen festgelegt.

Im Jahre 1876 genehmigte der Kaiser den Abschluß des Vertrages mit dem Bildhauer Kaspar Zumbusch für das Denkmal der Kaiserin Maria Theresia. Zwölf Jahre hat dann Zumbusch an dem Denkmal gearbeitet, das die Kaiserin mit ihren Helfern und Beratern – also eine ganze Epoche – darstellt. Es wurde am 13. Mai 1888, dem Geburtstag der Kaiserin, feierlich enthüllt und fügt sich in den Platz zwischen den Baublöcken der Museen harmonisch ein, ohne von diesen dominiert zu werden. Ein Jahr später, am 23. Mai 1889, fand im Volksgarten die Enthüllung des Denkmals für den großen österreichischen Dichter Franz Grillparzer statt. Karl Kundmann hat die Figur des Dichters geschaffen, Rudolf Weyr die Reliefs, die in bogenförmiger Anordnung Szenen aus Hauptwerken des Dichters zeigen (von links nach rechts: *Die Ahnfrau, Der Traum ein Leben, König Ottokars Glück und Ende, Sappho, Medea, Des Meeres und der Liebe Wellen)*. Die Architektur hat Karl Hasenauer entworfen.

Das Reiterstandbild des Feldmarschalls Erzherzog Albrecht, das die *Bewaffnete Macht* dem Kaiser zu Ehren auf der Augustinerbastei errichten ließ, stammt wie das Maria-Theresien-Denkmal von Kaspar Zumbusch. Der Guß begann am 1. April 1898 im Gußhaus auf der Wieden und war am

Der Bildhauer Anton Dominik von Fernkorn (17. März 1813, Erfurt – 15. November 1878, Wien). Er war zunächst in München in der Kunsterzgießerei Stiglmayer tätig, bevor er 1840 nach Wien kam, wo man ihm später die Leitung der neu errichteten kaiserlichen Erzgießerei auf der Wieden übertrug. Hier vollendete er seine beiden bedeutendsten Werke, das Reiterstandbild des Erzherzogs Karl, das als Meisterstück des Erzgusses von höchst sinnreicher Konstruktion bezeichnet wurde, und das Reiterstandbild des Prinzen Eugen. Für den Friedhof in Aspern schuf er 1850 den kolossalen Löwen, in Wien 1863 das Ressl-Denkmal vor dem damaligen Polytechnischen Institut und 1866 einen Brunnen für den Volksgarten. Fernkorn bewirkte einen Aufschwung der Bildhauerei in Wien, insbesondere des Kunsterzgusses. Der Kaiser erhob ihn in den Ritterstand.

30. November vollendet. Die Einweihung nahm Kaiser Franz Joseph mit dem Prinzregenten Luitpold von Bayern am Pfingstsonntag 21. Mai 1899 vor, dem 90. Jahrestag der Schlacht von Aspern. Als letztes in dieser Reihe von Denkmälern entstand im Volksgarten die am 4. Juni 1907 in Gegenwart des Kaisers enthüllte liebenswürdige Bildnisfigur der Kaiserin Elisabeth aus weißem Marmor von Hans Bitterlich (1860–1949) in einer von Friedrich Ohmann entworfenen Anlage.

Zu einem Denkmal für Kaiser Franz Joseph selbst ist es in den knapp zwei Jahren zwischen seinem Tod und dem Ende der Monarchie nicht mehr gekommen. Lediglich vor der Infanterie-Kadettenschule in Breitensee wurde bereits 1904 ein öffentliches Standbild des Kaisers von Bildhauer Johannes Benk errichtet. Wohl blieb die Erinnerung an Franz Joseph und seine Zeit auch in der Ersten Republik wach. In den Dreißigerjahren tauchte zunächst der Gedanke auf, ihm ein Denkmal im Votivpark zu errichten, wurde ja die Votivkirche aus Dank für den glücklichen Ausgang jenes Attentats errichtet, das am 18. Februar 1853 auf den jungen Kaiser verübt worden war. Ein ebenfalls geplantes acht Meter hohes Standbild über dem heldenplatzseitigen Portikus der Neuen Burg hätte – wie eine an Ort und Stelle aufgestellte Schablone zeigte – dem Wesen Franz Josephs nicht entsprochen und wurde von der Bevölkerung abgelehnt. Schließlich sprach sich die Jury eines von der Stadt Wien veranstalteten

Das Reiterstandbild für Erzherzog Karl, am 22. Mai 1860 auf dem später so benannten Heldenplatz in Anwesenheit von Kaiser Franz Joseph enthüllt. Die Reiterfigur hat Anton Fernkorn modelliert und gegossen, den Sockel schuf Eduard van der Nüll.

Die 100-Jahr-Feier der Schlacht bei Aspern. Der Kaiser begibt sich am 22. Mai 1909 mit den Erzherzogen – voran Thronfolger Franz Ferdinand und Karl Franz Joseph, der spätere Kaiser – zum Denkmal Erzherzog Karls (rechtes Bild). Im Hintergrund ist jener provisorische Verbindungsbau vom Zeremoniensaal (in Bildmitte) zur Neuen Burg (ganz rechts)

zu sehen, der anläßlich des Kaiserjubiläums 1898 ausgeführt worden war, 1910 abgebrochen und dann durch den bis heute bestehenden Festsaaltrakt ersetzt wurde. Zur Ehrung von Erzherzog Karl legte der Kaiser an dessen Denkmal auf dem Heldenplatz, unterstützt von seinem Generaladjutanten Eduard Graf Paar, einen Kranz nieder (linkes Bild).

Die Enthüllung des Denkmals für Prinz Eugen am 18. Oktober 1865 in Anwesenheit von Kaiser Franz Joseph und Kaiserin Elisabeth auf dem später nach den Reiterstandbildern für Erzherzog Karl und Prinz Eugen benannten Heldenplatz. Hinter dem Festzelt der Leopoldinische Trakt der Hofburg, rechts die Rückseite des Prunksaaltraktes. Auch diese Reiterfigur hat Anton Fernkorn geschaffen, den Sockel Eduard van der Nüll.

Wettbewerbes – Peter Behrens und Ferdinand Andri hatten den Vorsitz – mehrheitlich für den Michaelerplatz als Aufstellungsort aus, jenen eindrucksvollen Platz, der unter Kaiser Franz Joseph durch die Errichtung des Michaelertraktes der Hofburg seine heutige Form erhielt. Aus dem Wettbewerb ging 1937 Josef Müllner, dessen *Jugendlicher Athlet* seit 1921 vor dem Theseustempel im Volksgarten steht, als Sieger hervor. Sein Projekt sah ein Standbild des Monarchen über einem hohen runden Sockel vor. Allein zur Verwirklichung des Denkmalplanes kam es vor dem Zweiten Weltkrieg nicht mehr. Erst 1957 gelang einer traditionsbewußten Personengruppe die Aufstellung des Abgusses eines schlich-

Der Bildhauer Kaspar von Zumbusch (23. November 1830, Herzebrock in Westfalen – 27. September 1915, Rimsting b. Prien am Chiemsee), seit 1873 Professor an der Wiener Akademie, trug wesentlich zur bildnerischen Gestaltung des Hofburgbereiches zur Zeit Kaiser Franz Josephs bei. Sein Maria-Theresien-Denkmal, 1876 begonnen und 1888 vollendet, gehört zu den gewaltigsten, welche die Zeit schuf. Sein Beethoven-Denkmal wurde 1880, sein Radetzky-Denkmal 1892, sein Erzherzog-Albrecht-Denkmal 1899 enthüllt. Das Bild zeigt ihn in seinem Atelier bei der Arbeit am Maria-Theresien-Denkmal, dargestellt von Wilhelm Gause 1888.

ten Standbildes Kaiser Franz Josephs von dem Bildhauer Johannes Benk im Burggarten.

Das Kunstverständnis Franz Josephs äußerte sich besonders bei der Beurteilung von Werken der Malerei. Im Laufe seiner 68-jährigen Regierungszeit erwarb der Kaiser unzählige Gemälde für das Kunsthistorische Museum ebenso wie für Räume der Hofburg. Die Früh-

Die Enthüllung des Maria-Theresien-Denkmals von Kaspar Zumbusch am 13. Mai 1888 in Anwesenheit des Kaisers. Vorne und gegen rechts die Garden in zweireihiger Aufstellung und zwar (von links nach rechts) die königl. ungarische Leibgarde, die Leibgarde-Reiter-Eskadron, die Leibgarde-Infanterie-Kompanie, die Trabanten-Leibgarde und die Erste Arcièren-Leibgarde. Im Mittelgrund ganz links das Äußere Burgtor, rechts daneben Baubaracken und die in Bau befindliche Neue Burg, die schon weit aus dem Boden gewachsen ist und deren Flächenausdehnung an dem Gerüst erkennbar ist. Dahinter (wieder von links) der Prunksaaltrakt, das Augustinerkloster mit dem Turm der Augustinerkirche und die Burggartenfront der Albertina. Links hinten die Stephanskirche, hinter dem Denkmal das Kunsthistorische Museum.

jahrsausstellung im Künstlerhaus, die er selbst eröffnete, und die Herbstausstellung besuchte er regelmäßig und oft mehrfach. Eine besondere Beziehung zur Malerei gewann der Kaiser während der zahlreichen Porträtsitzungen.

Die bedeutendsten Porträtisten seiner Zeit haben Franz Joseph gemalt. Die Zahl der Sitzungen, die normalerweise eine bis eineinhalb Stunden dauerten, war von Maler zu Maler verschieden. Der Kaiser, der sich genau an die vereinbarte Zeit hielt, erschien meist in den Vormittagsstunden und ohne Begleitung im Atelier des Künstlers. Jedoch ist von Heinrich von Angeli und von Hans Temple bekannt, daß sie den Kaiser auch in der Hofburg porträtier-

ten. Angeli erzählte 1908 davon: »Es war im Jahre 1873, als ich die Auszeichnung genoß, von Sr. Majestät dem Kaiser ein Porträt für die Wiener Weltausstellung anfertigen zu können. Ich wurde in die Hofburg bestellt und hatte über Weisung eines Hofwürdenträgers einen Frack angezogen. Als der Kaiser in das Zimmer trat und nach einer sehr freundlichen Begrüßung mich einlud, mit der Arbeit zu beginnen, schien er eine gewisse Unfreiheit in meinen Bewegungen zu bemerken. Er fragte mich lächelnd, warum ich mich denn in seiner Gegenwart beengt fühle. Hierauf antwortete ich: *Majestät, ich bin nicht gewöhnt, im Frack bei der Staffelei zu stehen.* Der Kaiser lächelte und sagte:

Bildhauer Rudolf von Weyr (22. März 1847, Wien – 30. Oktober 1914, Wien). Das Ölgemälde von Hans Temple zeigt ihn in seinem Atelier bei der Arbeit an der Brunnengruppe Macht zur See, die 1895 an der Fassade des Michaelertraktes aufgestellt wurde. Weyr unterrichtete an der Kunstgewerbeschule und dann als Professor für Modellieren an der Technischen Hochschule in Wien, für die er eine Ornatstatue des Kaisers schuf, die im Festsaal aufgestellt wurde (links im Bild das Modell). Von ihm stammen ein Teil des plastischen Schmuckes am Burgtheater und am Kunsthistorischen Museum, das Brahmsdenkmal auf dem Karlsplatz und die sechs Reliefs des Grillparzer-Denkmals im Volksgarten. Kaiser Franz Joseph besuchte das Atelier Weyrs am 16. Mai 1905.

Die feierliche Enthüllung des von Kaspar Zumbusch geschaffenen Reiterstandbildes für Feldmarschall Erzherzog Albrecht am 21. Mai 1899 auf der Augustinerbastei in Anwesenheit von Franz Joseph. Das Denkmal war ein Geschenk der ›Bewaffneten Macht‹ an den Kaiser anläßlich des neunzigsten Jahrestages der Schlacht bei Aspern. Die Fotografie zeigt das Denkmal nach der Enthüllung. Der Kaiser befindet sich auf einem Rundgang um das Denkmal. Dahinter links die Albertina, damals das Palais von Erzherzog Friedrich, dem Sohn Albrechts. Der Philipphof rechts ist im Zweiten Weltkrieg bei einem Luftangriff zerstört worden.

Ja, dann kommen Sie das nächste Mal in Ihrem Malergewand. Sie brauchen sich nicht zu genieren. Zur folgenden Sitzung erschien ich richtig in dem Anzuge, den ich bei Porträtaufnahmen gewöhnlich trug und der Kaiser fragte mich sofort: *Nun, wird es heute besser gehen?* Bei dieser Sitzung, wie bei allen weiteren Sitzungen wurde ich durch die scharf geprägten künstlerischen Urtheile überrascht, die der Kaiser äußerte. Seine Majestät kam auch wiederholt in mein Atelier und blieb oft zwei Stunden. Der Kaiser ist während der Porträtsitzungen außerordentlich ruhig und es bereitet ihm sichtlich Freude, wenn er dem Künstler die Aufgaben erleichtern kann.«

Truppenparade in der Operngasse anläßlich der Enthüllung des Erzherzog-Albrecht-Denkmals, von der Augustinerbastei aus gesehen. In der Mitte vorn auf einem Rappen der Kaiser, rechts daneben eine Militärmusikkapelle, links im Bild die Oper, dahinter der im Zweiten Weltkrieg zerstörte Heinrichshof, zwischen beiden die Ringstraße.

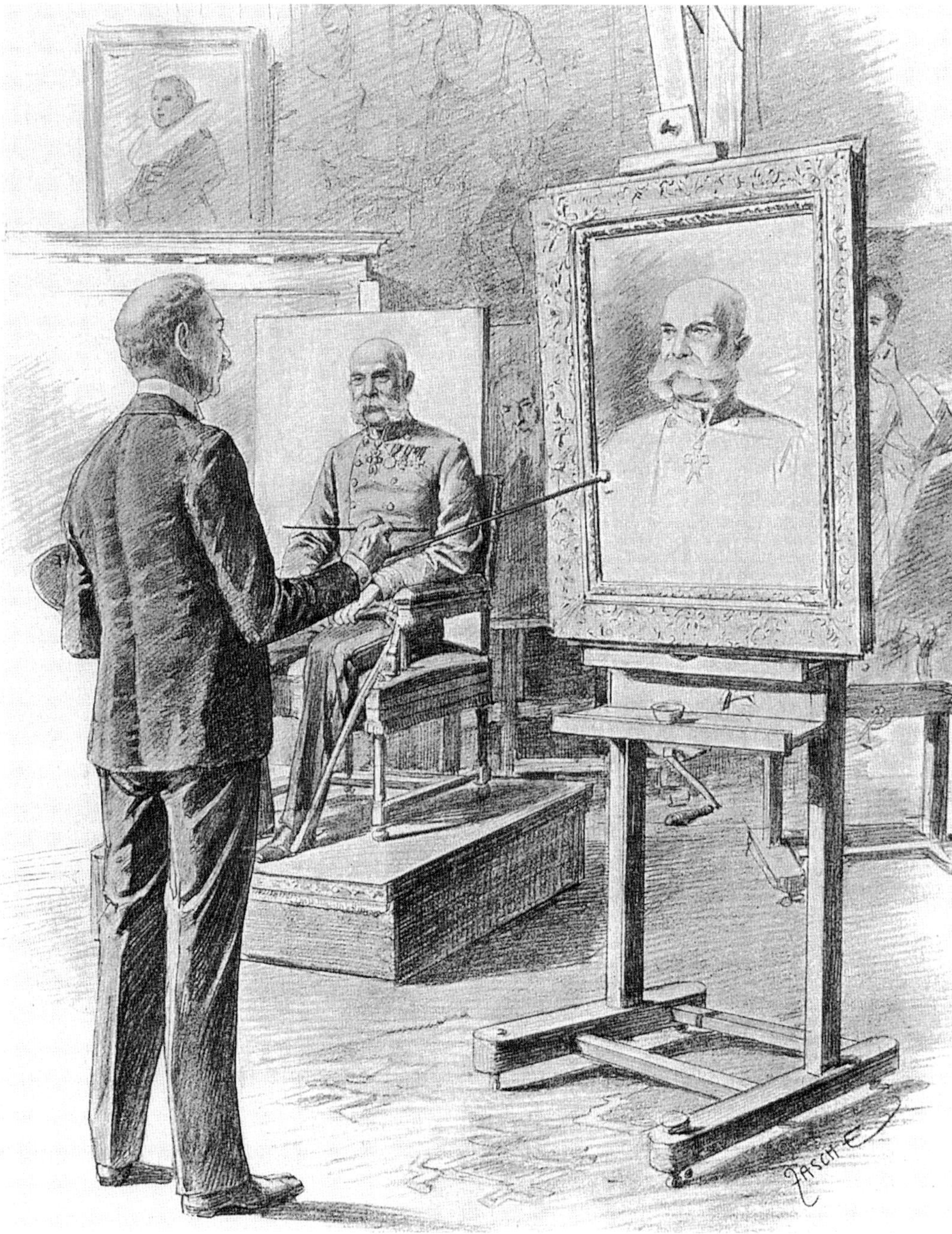

Der Kaiser im Atelier des Malers Heinrich von Angeli (8. Juli 1840, Ödenburg – 21. Oktober 1925, Wien). Angeli war ein gesuchter Maler, vielbeschäftigter Porträtist des Wiener Hofes und hatte mehrmals Gelegenheit, den Kaiser zu porträtieren. Auch ein Bild von Katharina Schratt malte er.

Die Burghauptmannschaft

Kaiser Ferdinand I. (1503–1564) war der erste Habsburger, der Wien zu seiner ständigen Residenz wählte. Der Ansturm der Türken auf Wien 1529 hatte ihm die strategische Bedeutung der Stadt klar gemacht. Bevor er nun nach glücklich abgewehrter Türkenbelagerung 1532 in die Burg einzog und sich im Herbst des folgenden Jahres entschloß, sein Hoflager endgültig von Prag nach Wien zu verlegen, ernannte er zur Betreuung seiner Burg einen Burggrafen. Es war dies Hans Aphalterer, der sich schon im Krieg bewährt und 1529 freiwillig für die Verteidigung der belagerten Stadt zur Verfügung gestellt hatte. Am 1. April 1530 trat dieser erste Wiener Burggraf sein Amt an. Er hatte mit zwei Trabanten den Sperr-, Aufsichts-, Ordnungs- und Reinigungsdienst zu versehen. Bauliche Kompetenzen hatten Aphalterer, der 1538 als eine der angesehensten Persönlichkeiten Wiens starb, und seine Nachfolger bis 1835 keine, was schon aus deren früherer Tätigkeit wie Kammerdiener, Hofbarbier und Zimmerwärter hervorgeht. Um die Mitte des 17. Jahrhunderts begann die Eingliederung der Burgverwaltung in den Stab des Obersthofmeisteramtes. Zur Zeit von Kaiserin Maria Theresia zählte das Burggrafenamt 91 Personen: einen Burggrafen, einen Burginspektor, drei Zimmerwärter, drei Portiere, zwanzig Burgwächter, zehn Torsteher, sieben Hofkehrer, neun Zimmerputzer, vier Brunnschöpfer, vierzehn Hoffeuerknechte, zwei Rauchfangkehrergehilfen und zwanzig Hofhausknechte.

Nach 262 Jahren seines Bestehens hob Kaiser Franz II. (I.) das Burggrafenamt 1793 auf. An seine Stelle trat die Burginspektion. Sie erreichte einen Höhepunkt organisatorischer Leistung in den Jahren 1814/15. Nicht zu Unrecht zählt man die Tage des Wiener Kongresses zu den glanzvollsten, die unsere Stadt je erlebte. Konferenzen und Vergnügungen wechselten in bunter Folge und versetzten Wien in einen Taumel der Lebensfreude. Doch wenn es rein äußerlich auch den Eindruck erweckte, die Arbeit würde in diesen Monaten beiseite geschoben, hatten doch Hofämter und Verwaltungsbehörden Außerordentliches zu leisten. So auch die Burginspektion, allen voran der Burginspektor. Bereits im August 1814 mußte er die ersten Delogierungen vornehmen, um für die Dienerschaft der fremden Monarchen und Fürsten Platz zu schaffen. Die delogierten heimischen

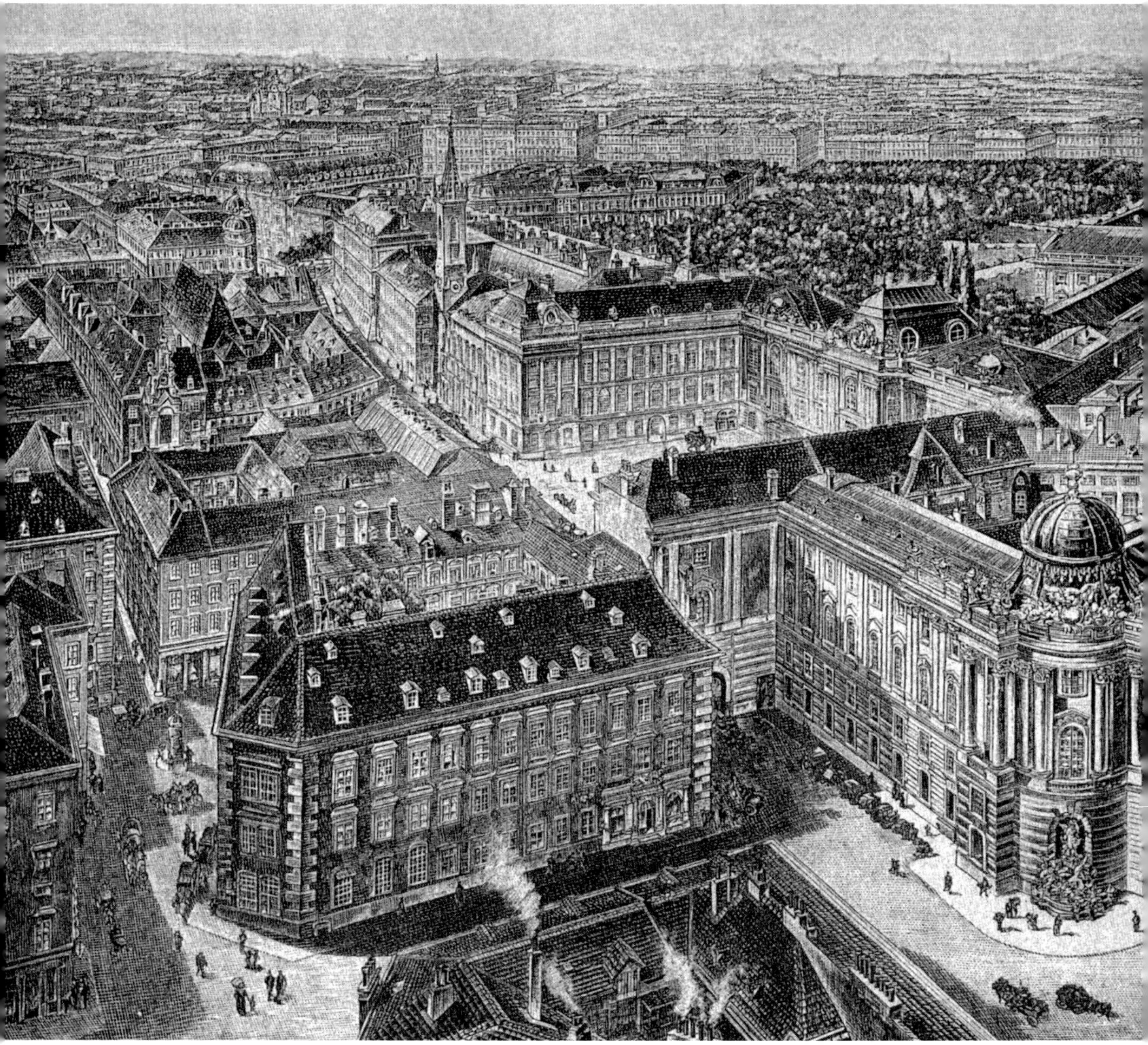

Vogelschaubild des Hofburgkomplexes nach Vollendung des Michaelertraktes 1897. Der früher formal eher unbedeutende stadtseitige Eingang der Hofburg liegt nun monumental in einem kuppelbekrönten Mittelrisalit, von dem zwei bogenförmige Flügel zu Eckrisaliten mit kleineren Kuppeldächern und je einer Brunnengruppe führen. Von hier begrenzen links die Reitschulgasse und rechts die Schauflergasse mit dem anschließenden Ballhausplatz den Hofburgkomplex. Links der Reitschulgasse liegt die Stallburg, rechts von ihr die Winterreitschule. Den anschließenden Josefsplatz beherrscht der Prunksaaltrakt, flankiert vom Augustiner- und Redoutensaaltrakt. An der anschließenden Augustinerstraße liegen – wieder rechts – die Augustinerkirche, das Augustinerkloster und die Albertina. Hinter dem Josefsplatz sind die

Bäume des Burggartens zu sehen. Hinter dem Michaelertrakt liegt der Franzensplatz, begrenzt links von der Alten Burg mit dem Schweizerhof, rechts von der Amalienburg, dem Beschauer gegenüber vom Leopoldinischen Trakt und – auf der dem Beschauer zugekehrten Seite – vom Reichskanzleitrakt. Hinter dem Leopoldinischen Trakt breitet sich der Heldenplatz bis zum Äußeren Burgtor aus, hinter dem – jenseits der Ringstraße – links das Kunsthistorische Museum, rechts das Naturhistorische Museum zu erkennen sind. Links wird der Heldenplatz durch die Neue Hofburg begrenzt, rechts schließt an ihn der Volksgarten an.

Die zusammenhängenden Teile der Hofburg, wie sie die Monarchie hinterließ, haben einen Rauminhalt von 1,5 Millionen Kubikmeter.

Hofdiener, die man zur Bedienung der Gäste nicht zu benötigten glaubte, quartierte man vorläufig in Dienstwohnungen in Schönbrunn und im Augartengebäude ein. Den Großteil der delogierten Bediensteten brauchten die obersten Hofämter jedoch zur Betreuung der fremden Gäste und konnten deshalb ihre entlegene Unterbringung nicht gutheißen. Schließlich wurde der Burginspektor angewiesen, einer größtmöglichen Anzahl unentbehrlicher Bediensteter in einigen wenigen Zimmern in der Burg Notunterkünfte einzurichten und die übrigen auf Quartiere in der Stadt aufzuteilen.

Schon während des Wiener Kongresses trugen der Burginspektor und viele seiner Untergebenen neben den üblichen Dienstuniformen zu besonderen Anlässen auch Galauniformen. Nach den dann im Oktober 1815 erlassenen genauen Uniformierungsvorschriften des Oberstkämmereramtes bekam der Hofburginspektor jedes zweite Jahr eine grüne Dienstuniform mit Silberstickerei gemäß der 8. Dienstklasse, der der Burginspektor zur Zeit von Kaiser Franz II. (I.) angehörte. Seine Galauniform bestand aus einem hellgrünen Tuchrock, ebenfalls mit Silberstickerei verziert, aus einer langen weißen Hose und einem grünen dreigestülpten Hut. Die Dienstuniform eines Hofzimmeraufsehers bestand aus einem grauen Rock, einer ebensolchen Hose und einer weißen Dienstkappe mit Adler. Seine Galauniform war gleich der des Burginspektors, nur fehlte am Rock die Silberstickerei. Mit lichtgrauem Rock, etwas dunklerer Hose und grauer Kappe hatte ein Hofzimmerputzer seinen Dienst zu versehen, während er in Gala einen dunkelmelierten Rock, ein weißes Beinkleid, weiße Seidenstrümpfe, braune Schnallenschuhe und einen dunklen dreigestülpten Hut trug.

Im Jahre 1835 wurde mit Ludwig Wagner der erste bausachverständige Burginspektor in sein Amt eingesetzt. Ebenso wie seinen Vorgängern bereitete ihm das Hofquartierwesen erhebliche Schwierigkeiten. Der sich unaufhaltsam vergrößernde Hofbetrieb, die große Anzahl von Ämtern, wissenschaftlichen Sammlungen und Kulturinstituten, die in den Hofgebäuden untergebracht waren, die häufigen Quartierbereitstellungen für ausländische Gäste des Kaisers und deren Gefolge, das alles machte den Quartierdienst zu einem Problem. Die Ereignisse des Jahres 1848 verursachten jedoch weit größere Schwierigkeiten. Zunächst brachten die Märzunruhen einige Stunden des Schreckens, besonders beim Sturm der Aufständischen auf die Stallburg am 13. März 1848, doch konnte der Dienstbetrieb der Burginspektion in vollem Umfang aufrechterhalten werden. Auch die gerichtliche Versiegelung der kaiserlichen Appartements im Mai 1848 verlief ohne Zwischenfall. Weit unheilvoller wirkten sich die Oktoberereignisse aus. Sogleich mit Ausbruch der ersten Unruhen flüchteten zahlreiche Personen – meist Verwandte und Bekannte der Burgbewohner – in die

Burg und suchten sich, soweit sie nicht ordnungsgemäß in Quartieren untergebracht werden konnten, selbst provisorische Unterkünfte. Wohl versuchte der Burginspektor, die neuen Bewohner listenmäßig zu erfassen, um wenigstens einigen Überblick zu haben, doch dazu war es schon zu spät. Die Ereignisse überstürzten sich, das ganze Hofquartiersystem wurde illusorisch. Mitte Oktober war die Burg bereits überfüllt, außerdem mußten Verwundete und Kranke in der Burg untergebracht werden. Die gefährlichste Situation für Burg und Stadt brachte der 31. Oktober 1848, als die kaiserlichen Truppen durch das Burgtor eindrangen und im Verlauf der Kampfhandlungen der Dachstuhl der Hofbibliothek und der Turm der Augustinerkirche in Brand gerieten.

Bei den Ereignissen des Jahres 1848 zeigte das komplizierte Verwaltungssystem des Wiener Hofes mehr denn je seine Nachteile. Das blieb auch dem neuen Monarchen Franz Joseph nicht verborgen, der schon von Olmütz aus, wo er am 2. Dezember 1848 die Kaiserwürde erhalten hatte, mit Allerhöchstem Kabinettschreiben vom 26. April 1849 die Neuordnung des Hofbetriebes einleitete. Die treibende Kraft dieser Neuordnung war Karl Ludwig Graf Grünne, bis 1848 Vorsteher des Hofstaates von Erzherzog Franz Joseph und nach dessen Thronbesteigung Generaladjutant des Kaisers und stellvertretender Obersthofmeister, eine der einflußreichsten Persönlichkeiten im Gefolge des jungen Monarchen. Er sprach sich für eine klare Kompetenzabgrenzung zwischen den vier Obersthofämtern aus. In seinem Bericht an den Kaiser führt er dazu als Beispiel das Hofquartierwesen an, das bisher mehreren Obersthofämtern unterstand: »Das Oberstkämmereramt verfügt nach Gutdünken über die Wohnungen, ohne sich besonders darum zu kümmern, was die dadurch verursachten baulichen Herstellungen kosten, da diese Auslagen die Dotationen eines anderen Hofstabes, nämlich des Obersthofmeisteramtes betreffen. Kommunikationen müssen hergestellt, Türen durchgebrochen, Parkette verlegt, Öfen versetzt und Zimmer neu ausgemalt werden, um vielleicht schon im nächsten Jahr, wo die nämliche Wohnung einer anderen Partei von anderen Verhältnissen und Bedürfnissen verliehen wird, neuen Umgestaltungen und Zurichtungen zu weichen.«

In dem Kabinettschreiben vom 26. April 1849 billigte der Kaiser im wesentlichen die Vorschläge Grünnes, vor allem die Eingliederung aller administrativen Dienstzweige in den Stab des Obersthofmeisteramtes. Generalhofbauamt und Hofmobilienamt wurden aufgelöst und ihre Agenden den Schloßhauptmannschaften und -inspektionen übertragen. Die Regelung der Hofburgverwaltung verzögerte sich durch die Fülle der Aufgaben, durch die für den Bestand der Hofburg so verderblichen Ereignisse des Jahres 1848, nicht zuletzt durch Krankheit und Tod des Hofburginspektors Wagner. Mit kaiserlicher Resolution vom 7. September 1850 erfolgte dann die Umbenennung der k.k. Hofburginspektion in k.k. Burghauptmannschaft. Zum Burghauptmann ernannte der Kaiser 1850 auf Vorschlag des Obersthofmeisters Fürst von Liechtenstein den Schloßhauptmann von Schönbrunn und Hetzendorf Ludwig Montoyer, Sohn des Hofbauarchitekten Louis Montoyer. Kaum ein Hofbeamter stand jemals zu den Bauten, die er zu verwalten hatte, in so enger Beziehung wie er. Für ihn war die Hofburg nicht bloß ein imposanter Steinbau, für dessen Instandhaltung er als Leiter der Administration Sorge zu tragen hatte, sondern Zeuge einer jahrhundertealten schicksalsschweren Vergangenheit, ein Denkmal der Geschichte, das jedem etwas zu sagen hat, der seine Sprache zu verstehen weiß. Mit leidenschaftlicher Begeisterung betrieb er baugeschichtliche Studien über die Wiener Hofburg, die 1860 zu einem bis heute erhaltenen Modell der mittelalterlichen Burg führten. Die Burghauptmannschaft umfaßte damals 63 Personen.

Am 2. Februar 1851 veröffentlichte das Obersthofmeisteramt jenes umfassende Dienstreglement für den Verwaltungsdienst in den kaiserlichen Gebäuden, welches den Burg- und Schloßhauptmannschaften bis zum Ende der Monarchie als Richtschnur diente. Nach jahrhundertelangem Bemühen war es damit gelungen, die Aufgaben der Hofverwaltungen klar zu formulieren und durch exakte theoretische Anweisungen die Voraussetzungen für eine erfolgreiche praktische Arbeit zu schaffen. Die Burghauptmannschaft hätte aber zur Zeit Kaiser Franz Josephs trotz des ausgezeichneten Dienstreglements nicht solche Erfolge erreicht, wären an ihrer Spitze nicht zwei Männer gestanden, die durch ihre Tüchtigkeit maßgeblich zum Gelingen der Aufgaben beitrugen: Ludwig Montoyer und Ferdinand Kirschner.

Entscheidend für die Tätigkeit der Burghauptmannschaft war, daß sie nicht nur wie früher die Burginspektion für den Quartier- und Sicherheitsdienst zuständig war, sondern mit Auflösung von Generalhofbauamt und Hofmobilienamt auch deren Agenden zu übernehmen hatte. Die Burghauptmannschaft wurde damit eine Baudienststelle. Ihr Sorgenkind blieb aber weiterhin der Hofquartierdienst. Die Raumnot der Burg wurde immer drückender fühlbar. Der gesamte Hofstaat war schon seit Jahrzehnten in einer langsamen aber stetigen Erweiterung begriffen, ohne daß die bauliche Vergrößerung der Burg damit Schritt halten konnte. Montoyer tat alles in seiner Macht stehende, um über die ärgsten Klippen hinwegzukommen. Jedes Plätzchen, jede noch so bescheidene Räumlichkeit bezog er in seinen Quartierplan ein und konnte so wenigstens die dringendsten Quartieranforderungen erfüllen. Ob für einen Erzherzog oder eine Prinzessin Appartements eingerichtet oder einfachen Hofbediensteten Dienstwohnungen zugewiesen werden mußten, ob das Obersthofmeisteramt in resolutem Ton Amtsräume für seine Kanzleien anforderte oder aristokratische Damenzirkel in langatmigen Begründungsschriften Gesellschaftsräume beanspruchten, Montoyer gelang es mit diplomatischem Geschick, eine annehmbare Lösung zu finden, der das Obersthofmeisteramt fast nie die Zustimmung versagte. Baulich mußte sich Montoyer auf Instandsetzungen, Zweckadaptierungen und Verschönerungen innerhalb und außerhalb der Hofburg beschränken. Dazu gehörte auch die Gasbeleuchtung. Im Jahre 1852 genehmigte das Obersthofmeisteramt die generelle Einführung der Gasbeleuchtung, nachdem diese schon Jahre vorher probeweise im Burgbereich verwendet worden war. Ab 1856 waren der Burggarten und der Volksgarten mit Gas beleuchtet.

Für die Vermählung Kaiser Franz Josephs mit Prinzessin Elisabeth in Bayern 1854 hatte die Burghauptmannschaft umfangreiche Vorbereitungen zu treffen, angefangen von der Einrichtung des Appartements für die junge Kaiserin bis zu den Dekorations- und Mobilienbeschaffungen in der Augustinerkirche. Aus Anlaß der feierlichen Enthüllung des Erzherzog-Karl-Monumentes 1860 wurde die Burghauptmannschaft mit der Regulierung und ästhetischen Ausgestaltung des Äußeren Burgplatzes betraut. Auch bei dem Denkmal für Prinz Eugen hatte die Burghauptmannschaft alle Vorbereitungen für die Enthüllungsfeierlichkeiten 1865 zu treffen. Im Jahre 1868 wurden die Räume der Schatzkammer restauriert und mit modernen Gasöfen ausgestattet, 1869 die kaiserlichen Appartements renoviert und umgestaltet. Dabei zeigte sich, daß es die Burghauptmannschaft verstand, ein fürstliches Appartement ebenso geschmackvoll einzurichten wie Kanzleiräume oder Dienstwohnungen.

Den Sicherheitsdienst regelte Montoyer in treffender, mitunter auch eigenwilliger Weise. So sah sich das Obersthofmeisteramt 1853 veranlaßt, dem Burghauptmann eine scharfe Rüge zu erteilen, weil er eine gefesselte Arrestantin über den Burghof abführen ließ. Er habe damit gegen die Würde und das Ansehen des Allerhöchsten Hofes gehandelt, hieß es, weil es kein genußreicher Anblick sei, wenn eine gefesselte Arrestantin unter Bewachung bei Tag in aller Ruhe über den Burghof geführt werde, wobei man doch die Diebsperson durch ein Seitentor hätte wegbringen können.

Zum Nachfolger Montoyers, der 1870 bei gleichzeitiger Adelung in den Ruhestand trat, bestellte der Kaiser auf Vorschlag des Ersten Obersthofmeisters Fürst zu Hohenlohe-Schillingsfürst Ferdinand Kirschner. Kirschner leitete die Burghauptmannschaft von 1870 bis 1895. Er kam aus dem Stab des Obersthofmeisteramtes und hatte sich bei Baumaßnahmen des Hofes in verschiedenen Teilen der Donaumonarchie bewährt. Wiederholt hielt er sich in Prag und Ofen auf. Das Schloß Gödöllö, das die ungarische Regierung 1867 Franz Joseph und Elisabeth zum Krönungsgeschenk gemacht hatte, wurde unter seiner Leitung instandgesetzt und zur kaiserlichen Sommerresidenz ausgestaltet. Er erledigte diese Arbeit in der außerordentlich kurzen Zeit von Mai bis September 1867. Wie das Obersthofmeisteramt später dem Kaiser berichtete, wurde Kirschners Arbeit selbst von anspruchsvollen Fachleuten als technisch ausgezeichnete Leistung anerkannt.

Als Burghauptmann kam Kirschner zunächst eine wichtige Aufgabe mit dem Anschluß der Hofburg an die am 24. Oktober 1873 vom Kaiser eröffnete I. Hochquellenwasserleitung zu. Bereits 1876 wurde Hochquellenwasser in die Räume des Zoologischen Kabinetts im Augustinertrakt sowie in die Hofbibliothek und in die Winterreitschule eingeleitet. Im Jahre 1877 begann der systematische Anschluß des gesamten Burgkomplexes an die Hochquellenwasserleitung. Überhaupt widmete sich Kirschner der Einführung gebäudetechnischer Neuerungen in der Hofburg im besonderen Maße. So wurde 1884 eine Telefonverbindung zum Hofstallgebäude hergestellt und 1893 das Telefonnetz im Burgbereich ausgebaut. Im Jahre 1890 erhielten die Botschafterstiege, die Trabantenstube, die Ritterstube, die Antekammer, der Marmorsaal und das Stephan-Appartement elektrische Beleuchtung, 1891 folgten die Redoutensäle. Im darauffolgenden Jahr brannte elektrisches Licht schon in vielen Teilen der Hofburg.

Seine bedeutendste Aufgabe erhielt Kirschner mit dem Bau des Michaelertraktes. Am 29. April 1889 stimmte der Kaiser einem Vorschlag von Ministerpräsident Eduard Graf Taaffe und Obersthofmeister Fürst Hohenlohe-Schillingsfürst zu: »Ich gestatte die Inangriffnahme des Ausbaues meiner Hofburg gegen den Michaelerplatz und dessen Ausführung durch den Burghauptmann Reg.-Rat Kirschner ...« Die Pläne Kirschners berücksichtigten sowohl das Projekt Joseph Emanuel Fischers von Erlach für Kaiser Karl VI., das ja seinerzeit nur teilweise ausgeführt worden war, als auch ein Konkurrenzprojekt Hasenauers. Nachdem schon 1888 das alte Hofburgtheater und einige Häuser am Michaelerplatz abgetragen wurden, begann 1890 der Erdaushub für den Neubau. Bereits Ende 1891 hatte das Äußere des Baues im wesentlichen seine Vollendung gefunden, nach weiteren zwei Jahren auch der Innenausbau. Der Bau des Michaelertraktes war für Kirschner der krönende Abschluß seiner Berufslaufbahn. Anfang des Jahres 1895 trat er in den Ruhestand. Ihm folgten 1895 Heinrich Lissek, 1902 Anton Nicklas, 1909 Anton Hauffe und 1915 Rudolf Mammer. Sie besorgten neben Instandsetzungen und Adaptierungen vor allem den Ausbau der Gebäudetechnik, die sich damals in rascher Entwicklung befand.

Die Burghauptwache

Die Burghauptwache hatte Kompaniestärke und wurde alternierend von den Regimentern der Wiener Garnison gestellt. Weil diese Regimenter in verschiedenen Wiener Kasernen untergebracht waren, zog die Wachkompanie aus verschiedenen Richtungen in die Burg ein. Sie war im Erdgeschoß des Leopoldinischen Traktes untergebracht, wo sie bis zum Ende des Ersten Weltkrieges verblieb. Ihr steinernes Schilderhaus steht heute noch vor der Hoffront des Leopoldinischen Traktes. Das Flugdach entlang dieses Traktes, das als Regenschutz für die Wachesoldaten schon Anfang des 18. Jahrhunderts bestand, wurde 1920 abgetragen. Vor dem Wachzimmer stand der sogenannte *Schnarrposten,* der die Wache bei dem Herannahen von Hofequipagen durch den lauten, schnarrend klingenden Ruf *Gewehr heraus!* zu alarmieren hatte. Bei Kaiser und Kaiserin erscholl dieser Ruf dreimal, bei Erzherzogen und Erzherzoginnen einmal, worauf die Wache unter Trommelwirbel *ins Gewehr trat.* Auch im Äußeren Burgtor war eine Abteilung der Burghauptwache mit rund 30 Mann untergebracht und zwar im rechten Flügel, von innen gesehen. Diese Burgtorwache hatte die Hofequipagen, die in die Burg fuhren oder aus der Burg kamen, scharf im Auge zu behalten. An der Außen- und Innenseite des Burgtores war dazu je ein *Schnarrposten* aufgestellt, der die Wache mit *Gewehr heraus!* alarmierte. Wenn sich die Majestäten und die übrigen Mitglieder der kaiserlichen Familie in Wien befanden, wenn obendrein gekrönte Häupter als Gäste des Hofes anwesend waren, wenn Empfangsfeierlichkeiten, Galadiners oder Bälle stattfanden, hatte die Burgtorwache vollauf zu tun. Kaum hatte der diensttuende Offizier den Säbel versorgt, kaum hatten die Infanteristen die Gewehre in den Ständern angelehnt, kaum hatte der Tambour die Trommel schweigen lassen, so ertönte schon wieder der Alarmruf des *Schnarrpostens*, und abermals ordnete sich die Formation zur militärischen Ehrenbezeugung.

Im Burghof fand täglich um 13 Uhr die feierliche Ablösung der Burghauptwache nach 24-stündigem Dienst statt. Mit der ablösenden Truppe marschierte aus der Kaserne die Musikkapelle des Regimentes, an ihrer Spitze der Regimentstambour, begleitet von einer bunt zusammengesetzten Menschenmenge durch das Schauflertor in den Burghof. Dort erwarteten zahlreiche Menschen

Der Kaiser am Fenster seines Arbeitszimmers im 1. Stock des Reichskanzleitraktes während der Burgwache-Ablösung, gezeichnet von Theo Zasche.

den Einmarsch der neuen Wache mit ihrem klingenden Spiel. »Die Panda kommt!« hieß es. Vor der Burg hatte sich als linker Flügelmann im ersten Glied seiner Musiker der Regimentskapellmeister angereiht. In Doppelreihen marschierte die ablösende Wache vor der diensthabenden auf, und die Fahne wurde übergeben. Während der Zeremonie der Wachablösung ertönten die feierlichen Klänge der Kaiserhymne, und oft zeigte sich auch Kaiser Franz Joseph am Fenster seines Arbeitszimmers im 1. Stock des Reichskanzleitraktes. Der Einzug war so präzise geregelt, daß es von der Turmuhr immer gerade eins schlug, wenn die Wache durch das Schauflertor in den Burghof einschwenkte. Dann konzertierte die Musik im Burghof, während auf den einzelnen Posten der Burg die Wachablösung vollzogen wurde. Die Posten waren in den Gängen und Stiegen der Burg verteilt und wurden nach einigen Stunden wieder abgelöst. Gegen zwei Uhr marschierte die Musik mit den abgelösten Soldaten wieder in die Kaserne zurück. An Sonn- und Feiertagen gaben die Militärkapellen, die mit der Wache in die Burg einzogen, Konzerte in Gast- und Kaffeehäusern, in Tanzsälen und in Gärten.

Jahraus jahrein, in friedlichen und kriegerischen Zeiten, marschierte die Burghauptwache unter klingendem Spiel in die Hofburg ein, täglich gab es zur Mittagszeit im Burghof ein Militärkonzert, das eine Wiener Spezialität, mehr noch, eine Wiener Attraktion war. Besonders bekannt und beliebt war das Infanterieregiment Hoch- und Deutschmeister Nr. 4, das oft die Burgwache stellte. Mit ihr zog Carl Michael Ziehrer als Kapellmeister in die Burg ein. Willi Forst ließ in seinem Film *Wiener Mädeln*, der knapp vor Ende des Zweiten Weltkrieges entstand, die Zeit Carl Michael Ziehrers noch einmal auferstehen.

In der Wochenausgabe des *Neuen Wiener Tagblatts* vom 21. Jänner 1928 finden sich die Erinnerungen von Gene-

Ablösung der Burghauptwache im Burghof. Die ablösende und die abgelöste Kompanie (unter dem Vordach) stehen einander gegenüber. Im Bild vor der ablösenden Mannschaft steht die Burgmusik, die den Vorgang begleitet. Die Fotografie hat der Sohn des Leibkammerdieners Eugen Ketterl, Ing. Eugen Ketterl, im Jahre 1913 vom Fenster der elterlichen Wohnung im 2. Stock der Amalienburg aus gemacht.

ralmajor a. D. Maendl-Burghard an die Burghauptwache: »Von den vielen Tausenden, die im Laufe der Jahre um ein Uhr zur Burg pilgerten, wußten nur die wenigsten, daß dieses militärische Schauspiel genauestens eingeübt werden mußte und viel Mühe und Fleiß daran verwendet wurde. Alles mußte klappen, denn die Habitués (ständigen Besucher) der Burgwache waren eine kritische Gesellschaft, die in die Mysterien des Aufmarsches und aller folgenden Bewegungen genau eingeweiht waren; kamen ja viele Tag für Tag zu diesem Gratisschauspiel und dem damit verbundenen Freikonzert. Für die Akteure selbst – Offiziere und Mannschaft – stand aber noch mehr auf dem Spiele als das Wohlgefallen des Publikums im Burghof. Für sie galt es, dem Regiment Ehre zu machen, weil aus seinem Arbeitszimmer meist der Kaiser herunterblickte, und dem in militärischen Dingen so kritischen Auge des *alten Herrn* wäre auch der kleinste Fehler nicht entgangen. Ihre Sensation aber hatte die Wachablösung, wenn ein nach Wien disloziertes Regiment das erste Mal die Burghauptwache bezog. Auch für mein Regiment war nach Jahrzehnten, die es im Osten der Monarchie verbrachte, endlich die Zeit gekommen, daß ihm die Wiener Garnison erblühte. Schon im Vorjahr kamen ihm die ersten Schwalben zugeflogen in Gestalt der für die Wiener Garnison geltenden Bestimmungen und der Burgwacheverhaltungen. Ich war damals *Hauptmann für besondere Verwendungen* und Musikoffizier und wurde nach Wien entsendet, um für die Musik die Kontakte zu schließen und den Dienst der Burgwache an Ort und Stelle kennenzulernen, damit schon im Winter die hiefür gewählte Mannschaft geschult werde. Und als wir Ende März in Wien einrückten, ging bereits alles tadellos; überdies wurde die Mannschaft partienweise als Zuseher zur Wachablösung in die Burg geschickt.

Mir war es bestimmt, mit der ersten Burghauptwache, die das Regiment beizustellen hatte, aufzuziehen. Diese große Ehre war aber auch mit viel Aufregung verbunden, und diese wuchs von Tag zu Tag, so daß ich die gefürchtete Stunde schon herbeisehnte, damit die Nerven wieder entspannt würden. Endlich kam der große Tag. Die Entfernung vom Akademiehof der Stiftskaserne bis zum Schauflertor der Burg wurde auf Befehl des Regimentskommandanten am Vormittag abermals von zwei Offizieren zu verschiedener Zeit nach der Uhr gemessen. Sie stimmte mit der von mir längst festgestellten überein; denn wenn die Uhr am Amalientrakt des inneren Burghofes eins schlug, mußte die Spitze der aufziehenden Burghauptwache das Schauflertor passiert haben. Bei der Wacheabteilung in der Stiftskaserne war das ganze Offizierskorps anwesend, und es war geradezu feierlich, als der Oberst die Defilierung dieser ersten Burghauptwache seines Regiments abnahm. Dann gab es noch eine kurze Rast und zwanzig Minuten vor ein Uhr rückten wir unter den

Klängen des Radetzkymarsches ab. Vor dem Kasernentor wartete bereits die obligate Menge, die sich rasch vor und beiderseits der Musik rangierte und während des Marsches durch die Mariahilferstraße und über den Burgring immer neuen Zuzug bekam. Beim Vorbeimarsch am Erzherzog-Karl-Monument kontrollierte ich nochmals die Uhr und konnte mit Beruhigung feststellen, daß ich das Marschtempo weder zu mäßigen noch zu beschleunigen brauchte.

Schlag ein Uhr waren wir unter den Klängen unseres historischen Regimentsmarsches im inneren Burghof eingetroffen, und da, als ich die kolossale Menge erblickte, und aller Augen auf mich gerichtet sah, war mir – ich gestehe es – etwas unbehaglich zumute. Doch nach der Schwenkung blickte ich starr auf das Direktionsobjekt: den kleinen Löwenkopf rechts des Schweizertores und nachher spähte ich nach dem roten Punkt am linken Ende des Gewehrständers, der den Aufstellungsplatz des Kommandanten markierte. Alles, was nun folgte, ging wie am Schnürchen, und als ich den Säbel versorgte und mich zur Übernahme in das Offizierswachzimmer begab, war ich hochbefriedigt; um so mehr als mir der Hofstabsfeldwebel im Vorbeigehen zuflüsterte, daß der Kaiser am Fenster gestanden sei. Nach der mündlichen Meldung in der Generaladjutantur und dem Abmarsch der alten Wache nahm ich Besitz von dem historischen Wachzimmer, in dem Generationen meiner Vorgänger durch 24 Stunden als dessen Herren eingezogen waren.

Es war gegen zwei Uhr, ich unterschrieb eben den Ablösungsrapport, als ein zweimaliges *Gewehr heraus!* mich erstarren machte. Die Feder hinwerfen, mit wenigen Sätzen zur Tür, diese aufreißen, war das Werk eines Augenblicks. Was bot sich meinem erstaunten Auge? Die Wache war wohl unter das Gewehr getreten, doch der draußen befindliche Leutnant hatte die Situation erkannt und hat nicht die Ehrenbezeigung geleistet. Was hat aber den Mann am *Schnarrposten*, der unbedingt verläßlich war, veranlaßt, die Wache unter das Gewehr zu rufen, wo er doch genau wußte, wem allein diese Ehrenbezeigung durch die Burghauptwache zukommt: In langsamem Trab näherte sich vom Michaelertor ein Fiaker, und in diesem saß in der goldstrotzenden Paradeuniform der Offiziere der Trabantenleibgarde der einstige Schrecken des Platzkommandos, der gefürchtete Oberst Brasseur, der seine Meldung als neuernannter Gardekapitänleutnant absolvierte. Als der *Schnarrposten* nach seiner Ablösung um drei Uhr befragt wurde, was ihm denn eingefallen sei, ins Gewehr zu rufen, meinte er treuherzig, der Herr im Wagen war so voll Gold, daß, wenn nicht der Kaiser selbst, so doch nur ein Erzherzog so angezogen sein könne. Diese kleine Episode hatte auch kein wie immer geartetes Nachspiel und hat meinem ersten *Auftreten in der Burg* keinen Abbruch getan.«

Die Hofreitschule

Kaiser Karl VI. war der Bauherr der Winterreitschule, die in den Jahren 1729 bis 1735 errichtet wurde. Joseph Emanuel Fischer von Erlach hat sie als Teil einer über den Michaelerplatz bis in die heutige Schauflergasse reichenden großartigen Erweiterung der Hofburg geplant, die dann erst unter Kaiser Franz Joseph in den Jahren 1889 bis 1893 vollendet wurde. Karl VI. ließ auch zwischen dem Burggraben an der Nordostseite der Alten Burg und der Winterreitschule die Sommerreitschule anlegen. Eine Reitvorführung vor dem Kaiser am 14. September 1735 war die erste Veranstaltung in der Winterreitschule, der im Laufe der Zeit viele andere verschiedener Art folgten, vor allem Karusselle, aber auch Musikfeste und Tanzveranstaltungen.

Am 21. Mai 1853 veranstaltete Kaiser Franz Joseph zu Ehren seiner Gäste, des Königs von Preußen und des Königs der Belgier, ein Karussell. Im Jahr darauf gab die Gemeinde Wien einen Ball anläßlich der Vermählung des Kaisers mit Prinzessin Elisabeth in Bayern. In den Jahren 1863 und 1880 gab es zu wohltätigen Zwecken wieder Karusselle. Das historische Reitfest in der Winterreitschule am 21. April 1894, dem Kaiser Franz Joseph und der gesamte Hofstaat beiwohnte, zeigte unter anderem die Einholung von Kaiserin Elisabeth Christine durch ihren Gemahl Kaiser Karl VI. am 11. Juli 1713. Die Erzherzöge Thronfolger Franz Ferdinand, Otto, Wilhelm und Franz Salvator wirkten mit. Es war ebenfalls eine Wohltätigkeitsveranstaltung und wurde in der Folge dreimal wiederholt. Im wesentlichen diente die Winterreitschule aber der Spanischen Hofreitschule zur Dressur der Lipizzaner, der weißen Hengste aus Lipizza, wofür auch die Sommerreitschule zur Verfügung stand.

Bild rechts oben:
Karussell in der Winterreitschule, das Kaiser Franz Joseph zu Ehren seiner fürstlichen Gäste, des Königs von Preußen Friedrich Wilhelm IV. und des Königs der Belgier Leopold I., am 21. Mai 1853 veranstaltete.

Bild rechts unten:
Das historische Reitfest in der Winterreitschule am 21. April 1894 zeigte unter anderem die Einholung von Kaiserin Elisabeth Christine durch ihren Gemahl Kaiser Karl VI. am 11. Juli 1713. Es wirkten mit: die Erzherzoge Thronfolger Franz Ferdinand, Otto, Wilhelm und Franz Salvator.

Die Hoftheater

Der Kaiser besuchte ziemlich oft seine Theater, das Hofburgtheater und das Hofoperntheater. Er war von allen wichtigen Lebensereignissen der Künstler unterrichtet und freute sich über ihre Leistungen. Aber er erfreute auch die Künstler durch seine Fürsorge, wenn es sich um die Unterstützung Alter, Kranker und Hilfsbedürftiger von ihnen handelte, ebenso durch eine Auszeichnung: k.u.k. Kammersänger und Kammersängerin, k.u.k. Hofschauspieler und Hofschauspielerin.

Eine wichtige Aufgabe im Kulturleben Wiens erfüllte das von Kaiser Josef II. im Jahre 1776 gegründete Hof- und Nationaltheater, seit 1821 Hofburgtheater. Hier erklang zum Geburtstag von Kaiser Franz II. (I.) am 12. Februar 1797 erstmals Haydns Kaiserlied mit dem Text von Leopold Haschka. Josef Haydn dirigierte selbst Chor und Orchester. Das »Gott erhalte« sollte bis 1918 die Volkshymne bleiben.

Vor dem Abbruch 1888 schrieb ein Zeitzeuge über das Hofburgtheater seiner Jugendzeit: »Damals wurde der Eingang ins Burgtheater nachmittags von zwei bis halb sechs Uhr fast ausschließlich von Hausdienern, Köchinnen und Stubenmädchen belagert, welche ausgesandt waren, für ihre Herrschaften die Plätze zu halten. Die Dienstleute warteten, froren oder schwitzten vor dem Tore, drängten zum Eingang, eilten den besseren Plätzen auf der Galerie oder im Zweiten Parterre zu und hielten dort im fröhlichen Geplauder Rast, bis gegen halb sieben Uhr abends die *Gnädigen* und die *Fräuleins* kamen und ihre Dienstleute ablösten. Um diese Zeit erschienen auch im Stehparterre die Herren Offiziere der Garnison, welche nur 10 Kreuzer zu bezahlen hatten, und die jungen Herren vom Zivil, für welche der Eintrittspreis einen Gulden betrug. Die Logen waren erblicher Familienbesitzstand der hohen Aristokratie. Die Proszeniumsloge im Ersten Rang war die Amtsloge des Ersten Obersthofmeisters des Kaisers. Dieser folgte die Hofloge; die nächste Loge war für den Ersten Minister reserviert. Dann kamen fast genau in der Hofrangordnung die Logen der fürstlichen und gräflichen Familien des österreichischen und auch des ungarischen Hochadels. Toilette wurde für das Burgtheater nicht gemacht. Dem Beispiel der Erzherzogin Sophie, der Mutter des Kaisers folgend, erschienen die Damen im einfachen Hauskleid, die älteren Damen mit einer Spitzenhaube auf dem Kopf und meist ohne Handschuhe. Man war in seiner

Der Michaelerplatz vor 1888. Die unter Karl VI. nach Plänen Joseph Emanuel Fischers von Erlach 1729–1735 errichtete Winterreitschule endet abrupt hinter dem Gebäude des alten Hofburgtheaters, das einer Umsetzung der Pläne Fischers für den Michaelertrakt der Hofburg im Wege stand. Zwischen dem Theater und der Winterreitschule befand sich das historische Bankerl, auf dem manche Burgtheatergröße in den Pausen saß, um ein wenig Luft zu schöpfen.

Loge zu Hause und – was das Logenpublikum betrifft – unter guten Bekannten. Nur während des Karnevals erschienen die Herrschaften, welche nach dem Theater noch Bälle oder Soiréen besuchten, in Balltoilette. Freilich fand sich diese Gesellschaft erst mit Ende November in Wien und damit auch im Burgtheater ein und war Mitte Mai wieder verschwunden. Während der übrigen Theatermonate wanderten die Logenbillette in die Hände der Hotelportiers.«

Am 12. Oktober 1888 hieß es für Darsteller und Publikum, von ihrem vertrauten Hause am Michaelerplatz Abschied nehmen. Das *Neue Wiener Tagblatt* gab eine Schilderung von der Abschiedsvorstellung des Theaters: »Zum letzten Male ist also im alten Hause der Vorhang gefallen, der Abschied hat sich vollzogen, und wie schwer er den Freunden des verwitterten, schmucklosen und doch uns Allen so theuren Baues geworden, das läßt sich in schlichter Prosa nicht fassen. Diesmal waren sogar Sperrsitz- und Logeninhaber aus ihrer sonstigen olympischen Ruhe aufgeschreckt, und obzwar sie gewiß sein durften, ihre Plätze zu finden, trafen auch sie zu ungewohnt früher Stunde ein, und schon um 6 ½ Uhr war ein großer Theil des Hauses besetzt. Niemand wollte zu spät kommen; und so kam beinahe alles zu früh. Die Aufregung, in welcher sich das Publikum befand, dokumentierte sich in einer höchst lebhaften Konversation. Das summte und surrte wie in einem Bienenkorbe, ja von der vierten Galerie herab klang es manchmal ein wenig wie Sturm. Von solcher Aufregung war auch nicht der vornehmste Kreis des Auditoriums verschont. In der Hofloge herrschte ein Kommen und Gehen, wie wir es noch niemals wahrgenommen. Als die Aufführung begann, waren anwesend, und zwar in der Reihenfolge von der Bühne an: die Erzherzoginnen Dorothea, Maria Josepha, Erzherzog Ludwig Viktor – diese Drei in der sonst vom Fürsten Hohenlohe eingenommenen Proszeniumsloge, während dieser im zweiten Range saß – der Kaiser, König Albert von Sachsen, Erzherzogin Marie Valerie, Erzherzog Otto, Erzher-

Der Zuschauerraum des alten Hofburgtheaters kurz vor dessen Abbruch 1888 in einem Aquarell von Franz Matsch. In der Hofloge ist Kaiser Franz Joseph zu erkennen, den Matsch in seinem Atelier auch persönlich porträtiert hat.

zogin Maria Theresia, Erzherzog Karl Ludwig, Kronprinzessin Stefanie, Erzherzog Wilhelm. Den Kaiser und seine Tochter Marie Valerie schien das bewegte Leben im Hause sehr zu amüsieren, denn sie musterten heiter lächelnd die Versammlung und beobachteten lange Zeit besonders die vierte Galerie. Im dritten Akte entfernten sich Kaiser Franz Joseph und König Albert. Im vierten Akte erschienen der Kronprinz, Erzherzog Albrecht und der Prinz von Wales (in Husarenobersten-Uniform), und im fünften Akte kehrte der Kaiser zurück, um bis ans Ende zu verbleiben.« Seine Tochter Marie Valerie trug nachher in ihr Tagebuch ein: »Papa schnitt mir eigenhändig ein Stück Stoff vom *Bankerl* unserer guten alten Loge heraus, wo wir so viele genußreiche Stunden erlebt hatten.«

Anläßlich der 150-Jahr-Feier 1926 erinnerte sich der damalige Direktor Franz Herterich an das alte Hofburgtheater: »Das Burgtheater war ein Hoftheater wie so viele andere deutsche Bühnen, und doch etwas ganz anderes. Bei aller Vornehmheit der Kultur, die es auf seiner Bühne in besonders vorbildlicher Weise pflegte, war etwas Familiäres an dieser Bühne, wie es keiner anderen Hofbühne eigentümlich war. Eine Wärme, die vom Darsteller auf das Publikum, vom Publikum auf den Darsteller überging, schuf einen innigen Kontakt, der die trennende Proszeniumsmauer übersprang und eine Einheit des Denkens und Fühlens ermöglichte, wie nirgends sonst.«

Die Vertraute von Kaiser Franz Joseph seit etwa 1888: Katharina Schratt (11. September 1855, Baden bei Wien – 17. April 1940, Wien). Sie kam 1880 ans Burgtheater und wurde 1883 Hofschauspielerin, was mit einer Audienz beim Kaiser verbunden war. Wienerische Anmut, Humor und Gemütlichkeit waren ihre wesentlichen schauspielerischen Akzente. Sie spielte die Rosl im Verschwender, die Katharina in Der Widerspenstigen Zähmung, die Elise im Geizigen, die Vroni im Meineidbauer. Im Einverständnis mit der Kaiserin wurde sie die Vertraute Franz Josephs, dem sie in ihrer Rolle als Nandl im Versprechen hinterm Herd besonders gefiel. Das Bild ist die Wiedergabe eines Gemäldes von Heinrich von Angeli.

Drei Hauptgründe waren es, die das Abtragen dieses traditionsreichsten Wiener Theaters erzwangen: der zu geringe Fassungsraum, die Bedenklichkeit des vorhandenen Brandschutzes, wiewohl der Brand des Ringtheaters 1881 zu einigen Maßnahmen geführt hatte, und der Standort, an dem schon Joseph Emanuel Fischer von Erlach einen Prunkbau geplant hatte und der nun nach Abriß des Theaters errichtet werden konnte: der Michaelertrakt der Hofburg. Aber trotz aller bekannten, wohl auch gewohnten und auch vertraut gewordenen Schwächen des alten und der Aussicht auf ein unvergleichbar prunkvolleres neues Haus hat kein Theaterabbruch das Wiener Publikum je so bewegt wie der des alten Burgtheaters. Noch etwas darf nicht übersehen werden, das zur Zeit der Monarchie sicher stärker spürbar war als danach: Das Hofburgtheater hatte mit dem neuen Haus am Ring die räumliche Verbindung zu dem Gebäude verloren, dessen Namen es trug. Es stand nun in einer wenn auch nicht allzu großen Entfernung von der Hofburg. Abgesehen von der räumlichen Tradition, die ja erst begründet werden mußte, konnte es auch nicht alle Anforderungen erfüllen. Wohl waren die Sicherheitsverhältnisse besser, wohl waren Bühnen- und Zuschauerraum größer, aber die Akustik entsprach nicht den Erwartungen, und der Kontakt zwischen Schauspielern und Publikum war schwerer zu gewinnen.

Zum Programm von Monarchenbesuchen gehörte meist der Besuch eines der beiden Hoftheater. Eine der großartigsten Veranstaltungen dieser Art war das am 28. August 1896 abgehaltene Théatre paré zu Ehren des russischen Kaiserpaares in der Hofoper. Ein Zeitgenosse berichtete darüber: »Kaiser Nikolaus II. in seiner feinen, zurückhaltenden, beinahe etwas melancholischen Art, über dem ganzen jugendlichen Wesen den tiefen Ernst und seine schwere Verantwortlichkeit und die junge hoheitsschöne Kaiserin Alexandra erweckten allgemeines Interesse und Sympathie. Einige Minuten nach halb acht Uhr erschienen der Oberzeremonienmeister General der Kavallerie Graf Hunyady in der Hoffestloge und gab mit dem Stab das Zeichen vom Nahen des Hofes. Das gesamte Publikum erhob sich, dasjenige des Parterres wendete sich zur kaiserlichen Loge. Das russische Kaiserpaar nahm an den Seiten von Kaiser Franz Joseph und der Erzherzogin Maria Josepha in der Mitte der Loge Platz. Die übrigen Herrschaften reihten sich an. Von den hellen, seidenschweren prächtigen Toiletten der Damen, von ihrem märchenhaft reichen Juwelenschmuck, von den farbenprangenden, fremdländischen Uniformen ging es wie ein Leuchten durch das ganze im Lichterglanz erstrahlende Haus, das bis in die obersten Ränge von den Spitzen der Wiener Gesellschaft gefüllt war. Am Dirigentenpult saß Direktor Jahn und leitete eine der vorzüglichsten Aufführungen seines Regimes, Massenets *Manon* mit Fräulein Renard und Herrn Van Dyk in den Hauptrollen. So war von Zuhörern und Darstellern das Erlesenste vereint, was man sich nur denken kann. In einer längeren Pause der Vorstellung nahmen die hohen Herrschaften den Tee in dem die große Festloge begrenzenden Salon.«

Die Hofmusikkapelle

Die Hofmusikkapelle ist eine der ältesten und berühmtesten Wiener Musikstätten, die nicht nur für das Wiener, sondern für das ganze europäische Musikleben von größter Bedeutung war. Die Geschichte der in der Hofburgkapelle beheimateten Hofmusikkapelle ist ein Spiegel des Musiklebens von mehr als vier Jahrhunderten. Sie zeugt von dem glanzvollen Kunstleben des Wiener Hofes, von der großartigen Entwicklung der Österreichischen Musik. Kaiser Maximilian I. hatte die Hofmusikkapelle 1498 zu einer ständigen Einrichtung des Hofes gemacht. Unter den musikbegabten Monarchen Ferdinand III., Leopold I., Josef I. und Karl VI. erlebte sie Glanzzeiten. Durch die Jahrhunderte hat sie dazu beigetragen, Wien zu einer der ersten Musikstädte der Welt zu machen. Auch zur Zeit Kaiser Franz Josephs war die Hofmusikkapelle ein Musikinstitut hohen Ranges. Ihr Wirkungskreis war fast gänzlich auf das gottesdienstliche Gebiet beschränkt. Kapellmeister waren Johann Herbeck , Josef Hellmesberger, Hans Richter und Karl Luze. Unter den Hoforganisten ragte Anton Bruckner hervor. Als Hofsängerknaben haben auch die Dirigenten Felix Mottl, Hans Richter, Karl Luze und Clemens

Ein Wiener Staatsoperndirektor und gefeierter Dirigent, dessen musikalische Laufbahn als Hofsängerknabe begann: Clemens Krauss (31. März 1893, Wien – 16. Mai 1954, Mexiko-City). Das Bild zeigt ihn in der Löwenburger Tracht der Hofsängerknaben. Er begründete 1924 die Philharmonischen Neujahrskonzerte.

Krauss in der Wiener Hofburg ihre musikalische Laufbahn begonnen. Unter den Gesangssolisten der Hofmusikkapelle war der berühmte Hofopernsänger Kammersänger Hermann Winkelmann. Im Jahre 1912 gehörten der Hofmusikkapelle an: 1 Hofkapellmeister, 1 Vizehofkapellmeister, 3 Organisten, 10 Hofsängerknaben, 6 Tenöre, 5 Bassisten, 15 Violinisten, 2 Bratschisten, 3 Kontrabassisten, 2 Oboisten, 2 Klarinettisten, 1 Flötist, 2 Fagottisten, 2 Waldhornisten, 3 Posaunisten, 4 Trompeter und 2 Pauker.

Der bedeutende Musikwissenschaftler und -pädagoge Karl Kobald, aus der Reihe der Hofsängerknaben hervorgegangen, erinnerte sich 1928: »Wer in den Jahrzehnten vor dem Weltkrieg an einem Sonn- oder Feiertag vormittags durch den Schweizerhof ging, konnte da immer eine Menge von Musikenthusiasten aus allen Ständen und Lebensaltern, bewaffnet mit Musikblättern, Partituren, vor der Hofkapelle angestellt sehen, die gekommen waren, um eine Messe zu hören. Um 10 Uhr sah man zwei Wagen, von Lipizzanern gezogen, herbeifahren; aus dem Wagenschlag sprangen zehn schmucke Knaben, mit dem Degen zur Seite, in der silbergestickten Löwenburger Tracht. Bald darauf versammelte sich in dem sonst stillen Hofe eine Reihe stadtbekannter Wiener Künstler, die eine schmale Treppe zum Chor der Hofkapelle hinaufstiegen, unter ihnen der stets von Witz sprühende Hofkapellmeister Josef Hellmesberger, der Wagnerapostel Hans

Hoforganist der Hofmusikkapelle seit 1869: Anton Bruckner (4. September 1824, Ansfelden – 11. Oktober 1896, Wien). Er war zunächst Domorganist in Linz, seit 1867 Lehrer am Konservatorium in Wien und seit 1875 auch Lektor an der Wiener Universität. Als die Kaisertochter Erzherzogin Marie Valerie am 31. Juli 1890 mit Erzherzog Franz Salvator in der Ischler Pfarrkirche vermählt wurde, spielte Bruckner die Orgel. Für die Hofmusikkapelle schrieb er seine f-moll-Messe. Das hier wiedergegebene Bild entstand 1882.

Richter, die feierlich ernste Gestalt Winkelmanns, der dämonische Reichenberg, der unverwüstliche Tenor Gustav Walter, der heitere Fritz Schrödter, Anton Bruckner mit dem interessan-

Hofkapellmeister der Hofmusikkapelle seit 1866: Johann Ritter von Herbeck (25. Dezember 1831, Wien – 28. Oktober 1877, Wien). Er war von 1869 bis 1875 Kapellmeister der Wiener Hofoper, von 1870 bis 1875 deren Direktor. Herbeck entdeckte Schuberts Unvollendete Symphonie in h-moll und leitete 1865 ihre Uraufführung im Redoutensaal. Anton Bruckners Berufung an das Wiener Konservatorium setzte er durch. Am 6. Jänner 1870 leitete er das Eröffnungskonzert im Goldenen Saal des neuen Musikvereinsgebäudes.

Hofkapellmeister der Hofmusikkapelle von 1893–1900: Hans Richter (4. April 1843, Raab in Ungarn – 5. Dezember 1916, Bayreuth). Der bedeutende Dirigent vor allem der Werke Wagners war von 1875 bis 1900 Erster Hofopernkapellmeister, von 1875 bis 1898 auch Dirigent der Philharmonischen Konzerte in Wien, deren Ruf er begründete, später der Bayreuther Festspiele, wo er 1876 die erste Gesamtaufführung des Nibelungenrings leitete. Bei den Begräbnisfeierlichkeiten für Kaiserin Elisabeth dirigierte er den Chor.

ten Römergesicht, der hochragende Koschat und die Auslese der Wiener Philharmoniker. In dem kleinen Kapellenraum lauschte dann eine eng zusammengepferchte Schar von Kunstfreunden der unvergleichlichen Wiedergabe einer Messe von Haydn, Mozart, Beethoven, Schubert oder Bruckner. Die Hofmusikkapelle repräsentiert ein Stück feinster Wiener Kultur und erhabenster österreichischer Kunstbetätigung. Man kann sich das Wiener Musikleben, die Wiener Musikgeschichte ohne sie nicht denken und bis zum heutigen Tag hat sie ihren Ruf als berühmtestes kirchenmusikalisches Institut Europas – nur die Sixtinische Kapelle in Rom kann ihr an die Seite gestellt werden – behauptet.« Zur Erklärung der *Löwenburger Tracht* sei bemerkt, daß die Hofsängerknaben von 1848 bis zum Ende der Monarchie in dem von Johann Jakob Graf Löwenburg 1732 gestifteten und später von den Piaristen weitergeführten *Piaristenkonvent* in einem Haus neben der Piaristenkirche untergebracht waren. Die *Löwenburger Tracht* war eine Uniform aus dunkelblauem Tuch, dazu eine hohe Kappe.

Über die Aufnahme der Hofsängerknaben berichtet einer von ihnen in seinen Erinnerungen aus den Jahren 1901 bis 1913: »Im Mai jeden Jahres erschien in den großen Tageszeitungen ein Inserat, welches darauf verwies, daß am soundsovielten Juni im Piaristenkonvikt die Aufnahmsprüfung für Bewerber um freiwerdende Hofsängerknabenstellen stattfinden würde. Die Bewerber müßten über eine ausgebildete Stimme verfügen und vom Blatt singen können.

Am festgelegten Tag begann um 8 Uhr früh die Prüfung. Begonnen wurde mit einer groben Sichtung. Der Singmeister am Klavier gab dem Prüfling eine Singstimme in die Hand und ersuchte, eine bestimmte Stelle zu singen. Wer da nicht mitkonnte, wurde nebst Vater oder Mutter hinauskomplimentiert. Da aber meist über 80 Bewerber angetreten waren, dauerte selbst dieser leichte Probegalopp bis zur Mittagspause. Die Erstauswahl, etwa 20, wurden für 2 Uhr Nachmittag wiederbestellt. Die aufgeregten Eltern durften nun nicht mehr ins Prüfungszimmer. Jetzt mußte der Einzelne schon allerlei Proben ablegen, an abwechslungsreichem Notenmaterial herrschte kein Mangel. Blattsänger mit schönen, kräftigen Stimmen waren das gesuchte Ideal. Dieser zweite Durchgang dauerte einige Stunden. Ausgewählt wurde ungefähr die doppelte Anzahl der zu besetzenden Singstimmen.

Der Endkampf setzte erst gegen Abend ein. Nun waren die wenigen Schlußbewerber einer Stimmlage (Sopran oder Alt) beisammen, jeder hörte die Konkurrenten singen, konnte sie beurteilen und seine eigenen Aussichten einschätzen. »Singen Sie bitte hier das *Gratias agimus,* hier das *Et in carnatus*, hier das *Hosanna,* hier die Schlußfuge ...« Einmal Dieser, einmal der Nächste, der Dritte, der Vierte. Wieder andere Noten, gedruckte, geschriebene, hier das, dort jenes, bis es hieß: »Bitte setzen Sie sich dort nieder!« Das *dort* waren so viele Rohrsesseln als Knaben aufzunehmen waren. Man setzte sich, die Kommission lächelte einen anerkennend an, man fühlte sich von einem Druck befreit und horchte dann interessiert zu und beurteilte selbst, wem man noch einen freien Sitz zubilligen würde. Schließlich geht alles zu Ende. Die nicht

Die Hofburgkapelle an der Wende des 19. Jahrhunderts.

zur Aufnahme kamen, können gehen und werden draußen von den enttäuschten Angehörigen rasch weggeleitet. Nun dürfen die noch wartenden Eltern herein. Sie hören nun selbst, daß ihre Schützlinge die Prüfung bestanden hätten und erfahren, an welchem Tag die Neuaufgenommenen im Konvikt zum Dienstantritt einzutreffen hätten.«

Die Hofbälle

Kaiser Franz Joseph gab jährlich zwei repräsentative Ballfeste in der Burg, den Hofball und den Ball bei Hof. Hier zeigte sich in den kostbaren Toiletten der Damen und den strahlenden Uniformen der Herren noch einmal der Glanz der alten Monarchie. Der Ball bei Hof war die exklusivste Ballveranstaltung und hoffähigen Personen vorbehalten. Hoffähig waren Angehörige des Hochadels, die 16 im Adel geborene Ururgroßmütter nachzuweisen hatten, weiter die Diplomaten, die Minister, die höchsten Staatswürdenträger und die Generale. Am Hofball durfte dagegen jeder Offizier angefangen vom Leutnant teilnehmen. Dreitausend Gäste wurden dazu durch eine sogenannte Hofansage eingeladen. Zur Dekoration der Ballräumlichkeiten dienten neben reichem Blumenschmuck auserlesene Stücke aus der kaiserlichen Tapisseriensammlung. Für die Organisation verantwortlich war der Obersthofmeister, der mit einer Vielzahl von Bediensteten für den präzisen Ablauf des Festes sorgte. Denn der Ball lief nach einem genauen Zeitplan ab. Das galt auch für die einzelnen Musikstücke, die auf den Tanzkarten verzeichnet waren. Für die Musik zuständig war der Hofballmusikdirektor, der als eigens für diese Funktion ernannter Musiker dem Hofstaat angehörte. Der erste Hofballmusikdirektor war von 1846 bis zu seinem Tod 1849 Johann Strauß Vater. Dann blieb die Stelle unbesetzt, und erst 1863 ernannte der Kaiser Johann Strauß Sohn – er hatte an der Revolution des Jahres 1848 auf der Seite der Nationalgarde teilgenommen – zum Hofballmusikdirektor. Im Jahre 1871 verließ Johann Strauß die Stelle, und es folgte 1872 sein Bruder Eduard Strauß. Als letzter Hofballmusikdirektor wirkte ab 1908 Carl Michael Ziehrer.

Der Hofball begann um 8 Uhr abends. An der Schwelle des Redoutensaals erschien der Oberzeremonienmeister. Er klopfte ruhegebietend mit seinem Stab dreimal auf den Boden. Der große Augenblick war da. Über die ganze glänzende Versammlung breitete sich tiefes Schweigen. In der Mitte des Saales vom Eingang bis zur Flügeltreppe bildete sich eine breite Gasse. Alle Augen waren auf die Eingangstür gerichtet. Langsam schritt der Oberzeremonienmeister vor. Ihm folgte in einiger Entfernung der Erste Obersthofmeister. Nun erschien der Hof, voran der Kaiser in der weißen Marschalluniform, am Arm die Kaiserin oder die stellvertretende Erzherzogin. In gemessenem Abstand

Hofballmusikdirektor von 1872 bis 1901: Eduard Strauß (15. März 1835, Wien – 28. Dezember 1916, Wien), Dirigent und Komponist.

Der letzte Hofballmusikdirektor seit 1908: Carl Michael Ziehrer (2. Mai 1843, Wien – 14. November 1922, Wien), ein Komponist von echt wienerischer Prägung.

folgten paarweise die Mitglieder des Kaiserhauses, gefolgt von ihren Obersthofmeistern, Obersthofmeisterinnen, Kammervorstehern, Hofdamen und Dienstkämmerern. Auch das Diplomatische Corps befand sich im Gefolge. Sobald der Kaiser an der Stirnseite des Saales angelangt war, gab er mit ritterlicher Verbeugung den Arm seiner Dame frei, die sich ihrerseits mit dem großen Hofkompliment von ihm verabschiedete und auf der Estrade Platz nahm. Ebenso trennten sich die anderen fürstlichen Paare. Nach einer kurzen Pause winkte der Oberzeremonienmeister mit dem Stab und die Introduktion des ersten Walzers erklang unter der Stabführung des Hofballmusikdirektors. Ein Walzer dauerte fünf bis sieben Minuten. Dann fünf Minuten Pause, dann wieder Tanz. Den Höhepunkt jedes Ballfestes bildete der Kotillon, der 55 Minuten dauerte. Dabei verteilten die Kavaliere Blumenbuketts an ihre Tänzerinnen. Verschiedene Figuren führten die jungen Herren und Damen zusammen, die sonst nicht miteinander getanzt hätten. Späße und Galopps unterbrachen die Walzer, und wenn die Vortänzer besonders geschickt und einfallsreich waren, boten sich oft die reizvollsten Bilder. Dem Tanz selbst war nur ein Viertel des Saales eingeräumt. In einem kleinen Kreis vor der Fürstenestrade drehten sich die Paare. Als Vortänzer figurierten zwei Offiziere der Leibgarde-Reiter-Eskadron. Mit

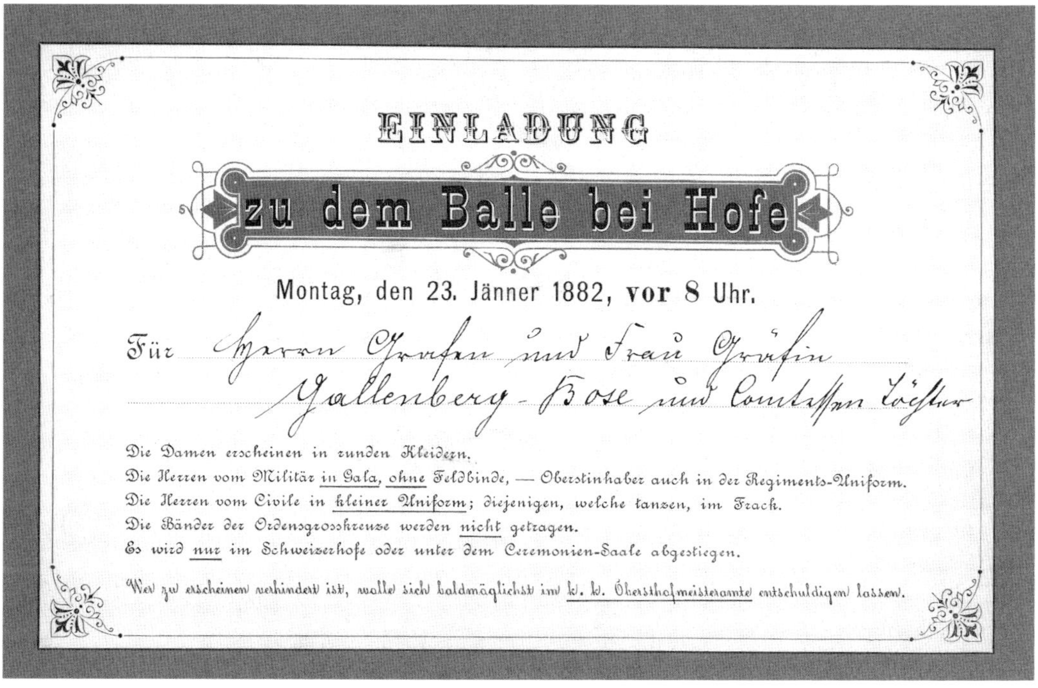

EINLADUNG

zu dem Balle bei Hofe

Montag, den 23. Jänner 1882, **vor** 8 Uhr.

Für Herrn Grafen und Frau Gräfin Gallenberg-Bose und Comtessen Töchter

Die Damen erscheinen in runden Kleidern.
Die Herren vom Militär in Gala, ohne Feldbinde, — Oberstinhaber auch in der Regiments-Uniform.
Die Herren vom Civile in kleiner Uniform; diejenigen, welche tanzen, im Frack.
Die Bänder der Ordensgrosskreuze werden nicht getragen.
Es wird nur im Schweizerhofe oder unter dem Ceremonien-Saale abgestiegen.

Wer zu erscheinen verhindert ist, wolle sich baldmöglichst im k. k. Obersthofmeisteramte entschuldigen lassen.

einem von ihnen eröffnete eine Erzherzogin den Tanz. Der Kaiser machte indessen die Runde. Er zog zuerst die Botschafter ins Gespräch, wendete sich dann ihren Damen zu, sprach diese und jene Persönlichkeit an. Wo der Kaiser Halt machte, zogen sich die Gäste diskret in weitem Kreis zurück, um den Angesprochenen mit dem Kaiser allein zu lassen. Dabei fiel manch bedeutsames, inhaltsschweres Wort. Denn Sorgen und Pflichten folgten dem Monarchen wie Schatten auch in die Festfreude des Ballsaales. Nach der ersten Quadrille zog sich die Kaiserin oder die sie vertretende Erzherzogin in den kleinen Redoutensaal zurück, wohin ihr zur Vorstellung all jene Damen folgten, die zum erstenmal oder nach ihrer Verheiratung wieder bei Hof erschienen. Nach der zwei-

Einladung zum Ball bei Hofe am 23. Jänner 1882 im Zeremoniensaal

Bild rechts oben:
Ball bei Hof im Zeremoniensaal am 28. Jänner 1886 nach einer Zeichnung von Wilhelm Gause. Links sitzend Kaiserin Elisabeth zwischen ihrer Obersthofmeisterin und Prinzessin Koburg, weiter rechts im hellen Waffenrock Kronprinz Rudolf, in der Mitte im Hintergrund stehend Kaiser Franz Joseph, rechts mehr im Vordergrund Prinz Leopold von Bayern, Gemahl der Kaisertochter Erzherzogin Gisela.

Bild rechts unten:
Hofball im Redoutensaal 1906. Der Kaiser hält Cercle. Im Bild rechts von ihm und den Kopf zu ihm gewendet Oberzeremonienmeister General der Kavallerie Graf Hunyady, im Bild links von Franz Joseph Gräfin Harrach, die dem Monarchen Komtessen vorstellt.

ten Quadrille begaben sich die Erzherzoginnen, die Gemahlinnen der Botschafter und Gesandten wie auch die Palastdamen in den Teesalon, während sich das Gros der männlichen Ballgäste unter Außerachtlassung des Zeremoniells um das in den Nebenräumen des Redoutensaals aufgestellte Buffet drängte.

Außer dem *Hofball* fanden zur Zeit Kaiser Franz Josephs im Redoutensaal auch Diners mit vielen Gästen statt, so das Galadiner für Kaiser Wilhelm II. am 4. Oktober 1888, und Konzerte wie das Festkonzert anläßlich des 500-jährigen Bestandes der Wiener Universität 1865. Auch vornehme Bürgerbälle wurden darin abgehalten, vor allem seit 1861 der Industriellen-Ball, an dem am 21. Jänner 1863 der Kaiser, im folgenden Jahr auch die Kaiserin teilnahmen. Der am 6. Jänner 1870 mit einem Konzert eröffnete Musikvereinssaal machte die Redoutensäle in manchem entbehrlich. Schon am 15. Jänner 1870 fand dort eine Ballveranstaltung mit nahezu 4000 Teilnehmern statt, bei der die drei Brüder Strauß persönlich die Musik leiteten. Der Ball, den die Stadt Wien am 17. April 1873 anläßlich der Vermählung der Kaisertochter Erzherzogin Gisela mit Prinz Leopold von Bayern gab und an dem auch das Kaiserpaar teilnahm, fand ebenfalls im Musikvereinssaal statt. Nach der Zulassung öffentlicher Maskenbälle, die dann in verschiedenen Wiener Veranstaltungssälen abgehalten wurden, hörten auch die Redouten in den Redoutensälen auf mit Ausnahme der Faschingsdienstag-Redoute, deren Reinertrag den Armen Wiens zufloß.

Einige Tage nach dem *Hofball* wurde im Zeremoniensaal der *Ball bei Hof* abgehalten. Er war intimer und unterhaltender. Der Kaiser erschien gleich allen Militärs, die Regimentsinhaber waren, in Oberstenuniform. Die Diplomaten hatten keine Gala angelegt, den jüngeren Herren war auch der Frack gestattet. Dem Tanz wurde mit Feuereifer gehuldigt. Nach dem Kotillon begab sich die Hofgesellschaft zum Souper in die angrenzenden Räume: Im Pietradura- und Spiegelzimmer war für den Hof, die Botschafterinnen und Palastdamen gedeckt, in den anderen Räumen für die übrigen Gäste. Je zehn Personen nahmen an einer der blumengeschmückten Tafeln Platz. Das Souper, aus fünf Gängen bestehend, dauerte eine halbe Stunde. Dann wurde noch bis Mitternacht getanzt. Um diese Zeit verließ der Hof den Saal. Das war das Zeichen zum Beginn der *Zuckerlschlacht*, eines am Wiener Hof traditionell gewordenen Karnevalscherzes. Eine lange Reihe von Bediensteten brachte aus den angrenzenden Räumen auf großen Tassen Zuckerwerk, Bonbonnieren, Konfitüren aller Form und Farbe. Und nun begann ein heißes Ringen. In wenigen Minuten waren die Tabletts abgeräumt. Man war glücklich, wenn man irgend etwas erhaschte, eine Tragantfigur oder eine Bonbonniere mit dem Miniaturbildnis des Kaiserpaares oder eines anderen Mitgliedes des Kaiserhauses.

Die Hoftafeln

Militärische Hofdiners fanden vor allem im Stephan-Appartement des Reichskanzleitraktes, Familiendiners meist im Alexander-Appartement der Amalienburg statt. Franz Joseph sah gerne Gäste bei Tisch: Kommandanten der Wiener Regimenter und besonders ausgewählte Offiziere, darunter der Hauptmann, der an dem betreffenden Tage die Burghauptwache kommandierte, fremdländische Offiziere und die Mitglieder der diplomatischen Missionen, weiter Geheime Räte und Kämmerer und andere Würdenträger des Hofes und Staates. Zu den monatlich stattfindenden Familiendiners waren die in Wien anwesenden Mitglieder des Kaiserhauses und allenfalls auch verwandte ausländische, sich gerade hier aufhaltende Fürstlichkeiten geladen. Mit und neben dem Adel der Geburt zog der Kaiser auch jene des Geistes an seinen gastlichen Tisch, die sich um Staat und Kirche, Wissenschaft und Kunst verdient gemacht hatten. Die Einladung zur Hoftafel erfolgte mit einer lithographierten sogenannten Hofansage, in der auch die Kleidung vorgeschrieben war. Der Kaiser trug die Oberstenuniform eines seiner Regimenter. Seinem Beispiel folgten die Generale, wenn sie Regimentsinhaber waren. Sonst erschienen sie in der Campagne-Uniform. Die Herren vom Zivil trugen Frack mit weißer Binde, Ordensstern und Band.

In einem Empfangssalon neben dem Speiseappartement versammelten sich die Gäste des Kaisers. Der Oberstküchenmeister machte die Honneurs und ein Hofkommissär händigte jedem der Geladenen beim Eintritt die Platzanweisung aus. Die Sitzordnung richtete sich nach dem Rang, der dem Betreffenden am Hof zukam und wurde vom Zeremoniellbeamten des Obersthofmeisteramtes bestimmt. Nach dem Rang bestimmte sich nicht nur die Sitzordnung beim Diner, sondern auch die Stehordnung beim Empfang des kaiserlichen Gastgebers. Die Gäste waren dabei in einem Bogen aufgestellt, um den Kaiser zu erwarten, die beiden Rangältesten zunächst der Türe, die zu den Gemächern Franz Josephs führte. Der Oberstküchenmeister holte zur festgesetzten Stunde den Kaiser ein, der sich nach kurzer Begrüßung in den angrenzenden Speisesaal begab. Die Gäste folgten und nahmen, nachdem sich der Kaiser niedergelassen, ihre Plätze ein. Der schwere, bis zum Boden reichende Damast, der die Tafel bedeckte, zeigte als Muster das eingewebte Kaiserwappen. Zwischen blumengefüllten Aufsätzen, Meisterwerken der Goldschmiedekunst, standen kleinere Aufsätze mit Dessert. Jeder Gast fand neben seiner Tischkarte die Menükarte in französischer Sprache und feiner Schrift. Die Speiseordnung zeigte 10 bis 12 Gänge. Die berühmteste Spezialität der österreichischen Küche, der Tafelspitz, fehlte auch an des Kaisers Tisch nicht, und ebenso hatte der Gast die Wahl zwischen einer warmen Mehlspeise heimischer Art und der internationalen kalten Creme. Schonzeit des Wildes wurde streng befolgt: vom Februar an stand der Fasan, vom März an das Reh nicht mehr auf der kaiserlichen Speiseliste.

Nachdem der Monarch und seine Gäste Platz genommen hatten, wurde sofort mit dem Servieren des Diners begonnen. Franz Joseph ließ sich vom diensthabenden Leibkammerdiener oder seinem Leibjäger bedienen. Er kostete von den Speisen, pflegte aber nicht viel zu essen. An Getränken wurden ihm von einem eigenen Aufwärter nur ein Glas braunes Bier und dann ein Glas Champagner kredenzt. Schwarzer Kaffee, den der Kaiser selbst nicht ein-

Kaiser Franz Joseph begrüßt seine Gäste vor einem Diner im Stephan-Appartement, dargestellt von Wilhelm Gause um 1898.

nahm, wurde als Abschluß noch bei Tisch getrunken. Nach dem etwa 3/4 Stunden dauernden Diner hob der Kaiser die Tafel auf und begab sich mit seinen Gästen in den benachbarten Salon, wo Zigarren und Zigaretten vorbereitet waren. Franz Joseph rauchte die gewohnte blonde Sacco-Virginier. Zum Anzünden standen brennende Kerzen auf dem Tisch. Der Gebrauch von Zündhölzern oder Feuerzeugen war nicht üblich. Bei dem anschließenden Cercle zog der Monarch nacheinander alle Gäste ins Gespräch und erkundigte sich um ihre persönlichen Verhältnisse, wobei er sich bei aller Würde nicht herablassend, sondern geradezu herzlich zeigte. Manchmal stellte er auch ganz überraschende Fragen, die von seinem guten Gedächtnis und seiner genauen Kenntnis aller Dienst- und Verwaltungszweige zeugten. Die Gäste brachten reizende Bonbonnieren von der Hoftafel mit nach Hause.

Generalmajor a.D. Mendl-Burghardt erinnerte sich 1928 an seine seinerzeitigen Erlebnisse als Hauptmann der Burghauptwache: »Als ich zum dritten Mal auf Burghauptwache kam, brachte mir um ein Uhr ein Hofansager

Der Kaiser hält Cercle nach einem Militärdiner im Stephan-Appartement, dargestellt von Felician Myrbach um 1898.

SITZ-LISTE

zum

GALA-DÎNER

am 27. August 1896.

Obersthofmeisterin Fürstin Galitzin
Erzherzog Eugen
Erzherzog Josef Ferdinand
Erzherzogin Isabella
Erzherzog Otto
Kronprzssin.-Witwe Erzhgin. Stephanie
Se. k. u. k. Apost. Majestät
I. M. die Kaiserin von Russland
I. M. die Kaiserin und Königin
Se. Maj. der Kaiser von Russland
Erzherzogin Maria Josefa
Erzherzog Ludwig Victor
Erzherzogin Auguste
Erzherzog Friedrich
Erzherzog Josef August
Gräfin Kapnist

Fürsterzbischof Cardinal Gruscha
Obersthofmstrin. Gräfin Goëss
Russ. Minister Graf Woronzow
Fürstin Pálffy-Zichy
Russ. Geh. Rath Dr. Hirsch
Gräfin Trauttmansdorff-Liechtenstein
Obersthofmstr. Fürst Montenuovo
Gräfin Benckendorff
Minister-Präs. Freiherr v. Bánffy
Gräfin Badeni-Skrzyńska
Russ. Botsch.-Rath Graf Benckendorff
Gräfin Kielmansegg-Lebedeff
Staatsrath Freiherr v. Braun
Gräfin Goluchowska-Murat
Oberstjägermstr. Graf Traun
Gräfin Apponyi-Seherr-Thoss
Russ. Mil.-Attaché, Oberst v. Woronin
Hofdame Gräfin Festetics
Präs. Dr. Stremayr
Frau v. Stolypine
FZM. Freiherr v. Schönfeld
Russ. Botsch.-Secr. v. Boulatzel
Garde-Capt., G. d. C. Graf Pálffy
Russ. Flüg.-Adj. Fürst Obolenski
Minister, FZM. Graf Welsersheimb
Russ. Kammerherr v. Kopytkine
General-Intend. Freih. v. Bezecny
Russ. Botschafts-Secr. v. Stolypine
Präs. Graf Friedr. Schönborn
Russ. Kammerjunker v. Mamontow
Minister Freiherr v. Gautsch
Oberstküchenmstr. Graf Wolkenstein

Rchskriegs-Min. G.d.C., Edl. v. Krieghammer
Russ. General-Adjutant v. Hesse
Feldzeugmeister Prinz Rudolf Lobkowitz
Russ. Botschafter Graf Kapnist
Erster Obersthofmeister Prinz Liechtenstein
Russ. Minister des Aeussern Fürst Lobanow
Minister Graf Goluchowski
Russ. General-Adjutant v. Richter
General-Adjutant G. d. C. Graf Paar

Oberlieut. v. Petko
Ordonn.-Offic. Hauptm. Erber
Major Cernokrak
Oberstlieut. Matic
Oberstlieut. Orthmayer
Oberst v. Kiwisch
Kam.-Vrst., Obrst. Frh. v. Leuzendorf
Kämm. Graf Carl Trauttmansdorff
Kämm. Fürst Pálffy
Dienstkämm. Fürst Franz Auersperg
Polizei-Präs. Ritter v. Stejskal
FML. Sommer
FML. Edler v. Beck
FML. Ritter v. Kropatschek
FML. Ritter v. Baccarcich
FML. Fabini
FML. Anton Ritter v. Pitreich
Minister v. Dániel
Minister, FML. Ritter v. Guttenberg
Minister Freiherr v. Jósika
Erster Stallmstr., GM. v. Berzeviczy
Minister Dr. Rittner
Sectionschef Graf Welsersheimb
Präs. Edler v. Plener
Minister Ritter v. Biliński
Admiral v. Eberan

Rittmstr. R. v. Micewski
Kämm., Oberlieut. Graf Kinsky
Major Ballentović
Flügel-Adj., Major Graf Alberti
Oberst von Schadek
Bürgermeister Strobach
Kam.-Vrst., Obrstlt. Frh. v. Henniger
Kammervorst., Oberst v. Szmrecsányi
Flügel-Adj., Major Fürst Dietrichstein
Mil.-Bevollm., GM. Klepsch
FML. Ritter v. Mathes
FML. Graf Geldern
FML. v. Latscher
FML. Schmidt
FML. Freiherr v. Wersebe
FML. Edler v. Ther
Minister v. Darányi
Minister v. Perczel
Minister Freiherr v. Glanz
Hofmarschall Graf Apponyi
Obersthofmstr. Freih. v. Gudenus
Minister Graf Gleispach
FML. Freiherr v. Handel
Obersthofmstr. Graf Wolkenstein
Minister Graf Ledebur
General-Director Freih. v. Chertek
G. d. C. Graf Üxküll

Botschafter Prinz Franz Liechtenstein
Fürstin Dietrichstein-Dolgoruky
Gd.-Cpt., G. d. C. Prz. Jos. Windischgraetz
Fürstin Montenuovo-Kinsky
Russ. Hofm., Gen. Graf Paul Benckendorff
Gräfin Schönborn-Czernin
Oberstkämm. Graf Trauttmansdorff
Hofdame v. Wassiltchicow
Minister-Präs. Graf Badeni
Obrsthfmstin. Mkgfin. Pallavicini-Széchényi
Russ. Hofmeister Graf Hendrikow
Gräfin Ledebur-Czernin
Obersthfmstr., FML. Freih. v. Wimpffen
Obersthfmstrin. Gfin. Cziráky-Esterházy
Präsident Graf Hohenwart
Obersthofmstrin. Gräfin Gondrecourt
FZM. Freih. v. Beck
Fürstin Dolgoroukoff
Oberceremmstr., G. d. C. Graf Hunyady
Russ. Gen.-Consul v. Basily
Reichsfin.-Minister v. Kállay
Russ. Flügel-Adj. Fürst Dolgoruky
Obersthofmstr. Graf Franz Bellegarde
Russ. Botsch.-Secr. v. Nelidow
Minister, FZM. Freih. v. Fejerváry
Russ. Botsch.-Attaché Frst. Dolgoroukoff
Admiral Freih. v. Sterneck
Russ. Kammerjunker v. Echappar
FZM. Freih. v. Merkl
Statthalter Graf Kielmansegg
General-Adjutant, FML. v. Bolfras

141 Personen.

Die Sitzordnung für 141 Personen zum Galadiner im Zeremoniensaal zu Ehren des russischen Kaiserpaares am 27. August 1896.

Galadiner im Zeremoniensaal anläßlich des Besuches von Zar Nikolaus II. am 27. August 1896. Der Zeichner Artur Halmi hat an der Festtafel dargestellt (von links nach rechts): die Witwe von Kronprinz Rudolf Erzherzogin Stephanie, Kaiser Franz Joseph, Kaiserin Alexandra Feodorowna von Rußland, Kaiserin Elisabeth, die sich seit dem Tode von Kronprinz Rudolf 1889 schwarz kleidete und nur mehr selten in der Öffentlichkeit erschien, Kaiser Nikolaus II. von Rußland und Erzherzogin Maria Josepha, die Mutter des letzten österreichischen Kaisers Karl.

(höherer Hofbediensteter) im Auftrag des Zeremoniell-Departements eine große lithographierte Einladung zur Hoftafel um sechs Uhr im Stephan-Appartement. Meine Freude war groß, und nur langsam verlief die Zeit bis zu der Stunde, da ich der hohen Ehre teilhaft werden sollte, mit dem Kaiser an einer Tafel zu sitzen. Zehn Minuten vor sechs Uhr ging ich über die Reichskanzleistiege (Kaiserstiege). Im Vorraum des Stephan-Appartements wurde ich von einem Zeremoniellbeamten empfangen, der mich genauest über den Eingang und meinen Sitzplatz informierte. Im zweiten Saale waren bereits die geladenen Generale und Oberste (damals gab es ein Militärdiner) versammelt, unter ihnen der Generaladjutant Exzellenz Bolfras. Diesem meldete ich mein Erscheinen, worauf ich mich bei den anderen Anwesenden vorstellte.

Nachdem die Aufstellung dem Range nach beendet war, erstattete knapp vor sechs Uhr Exzellenz Bolfras die Meldung und mit dem Glockenschlage sechs Uhr gab der Zeremonielldirektor durch dreimaliges Aufschlagen mit dem Stabe das Zeichen, daß der Kaiser erscheine. Alle standen *habt acht*. Der Kaiser begrüßte die Anwesenden mit einer leichten Neigung des Kopfes und schritt in den Speisesaal, wo er in der Mitte der Längsseite der Tafel Platz nahm. Die Tafel hatte 24 Gedecke und zwar für den Kaiser, Exzellenz Bolfras, 20 Generale und Oberste, den Flügeladjutanten vom Tag und den Kommandanten der Burghauptwache. Zu jeder Seite des Kaisers kamen die rangältesten Feldzeugmeister zu sitzen, rechts und links, dem Range nach, die übrigen Herren. Exzellenz Bolfras hatte seinen Platz gegenüber Seiner Majestät, links von ihm der Flügeladjutant, rechts meine Wenigkeit. Mein rechter Nachbar war der rangjüngste der anwesenden Obersten.

Für je zwei Gäste war ein Hoflakai bestimmt, der die Kopfbedeckungen abnahm, das Service wechselte und die Weine kredenzte. Für den Kaiser wurde eigens serviert, da der Monarch seine Diät streng beachtete; sonst auf Platten für sechs Personen. Man hat oftmals gehört, daß man sich bei einer Hoftafel nicht sattessen könne, weil ein Gang den anderen jage. Dem muß ich nun entschieden widersprechen; denn es blieb genügend Zeit, von der Fülle des Gebotenen reichlich zu genießen. Die Unterhaltung beschränkte sich ausschließlich auf den Nachbarn. Da muß ich denn die besondere Liebenswürdigkeit von Exzellenz Bolfras erwähnen, der mir gleich nach der Suppe sagte: ›Herr Hauptmann, Sie haben selten Gelegenheit an einer Hoftafel teilzunehmen; Sie brauchen mich deshalb nicht zu unterhalten und sollen sich ganz den Genüssen der Tafel widmen.‹ Als zum Schlusse die Bonbonnieren vom Aufsatz gereicht wurden und ich schon eine der kleineren in der Hand hatte, nahm mir Exzellenz Bolfras diese weg und gab mir mit den Worten ›Nur nicht gar zu bescheiden‹ die allergrößte.

Für die Speisezeit waren 40 bis 45 Minuten vorgesehen. Genau nach 43 Minuten hob der Kaiser die Tafel auf und begab sich in den vorderen Saal zum Cercle, wo sich rasch alle Teilnehmer dem Range nach postierten. Bevor ich – der Rangjüngste – herauskam, hatte der Kaiser bereits das Gespräch mit dem ersten Herrn beendet und schritt zum nächsten. Ich stand am linken Flügel und kam zuletzt an die Reihe. Zuerst hatte ich ein wenig Herzklopfen, doch je näher der Augenblick der Ansprache kam, desto ruhiger wurde ich, und bei der Leutseligkeit, mit der der Kaiser seine Fragen stellte, war auch jede Verlegenheit von mir gewichen. Vorerst erkundigte sich der Kaiser nach dem letzten Rekrutenstand, dann nach den Sprachverhältnissen im Regiment und nach den Fortschritten in der Schießausbildung; sodann wurde ich über meine Heimat befragt und da diese dem Kaiser gut bekannt war, mußte ich über mancherlei Veränderungen der letzten Jahre Auskunft geben. Das Verhalten des Monarchen dem simplen Hauptmann gegenüber war nicht nur bar jeder Herablassung, es war im Gegenteil eher auf den Ton der Herzlichkeit gestimmt, so daß mich aufrichtige Rührung übermannte. Als das Gespräch mit mir geendet, verabschiedete sich der Kaiser mit einer Kopfneigung von den Anwesenden und begab sich in sein Arbeitszimmer. In der Garderobe harrte meiner noch eine Überraschung. Jetzt erst verstand ich den Sinn der von Exzellenz Bolfras an mich gestellten Frage, ob ich Familie habe. In jeder meiner Manteltaschen war eine große Tüte Dessertbonbons!«

Bei Monarchenbesuchen oder anderen festlichen Anlässen fanden in dem Zeremoniensaal oder in dem noch größeren Redoutensaal Galadiners statt, an denen oft weit mehr als hundert Gäste teilnahmen. Diese Festlichkeiten erforderten umfangreiche, wochenlange Vorbereitungen und großen Aufwand. Die Stiegen und Säle wurden mit Gobelins und mit Gewächsen aus den Hofgärten und Glashäusern geschmückt. Die Festtafel hatte die Form eines nach einer Seite offenen Vierecks und war ebenfalls reich geschmückt. Eine kleine Armee von Lakaien und sonstigen Hilfsorganen war aufgeboten und auch für Tafelmusik war gesorgt. Der Glanz der Uniformen und Galakleider der Würdenträger, die Pracht der Toiletten der Damen und deren Brillanten boten in dem großartigen Rahmen ein unvergleichliches Bild. Trotz aller Feierlichkeit und des strengen Zeremoniells herrschte keine übermäßige Steifheit. Wiener Grazie, Eleganz und Geschmack gaben dem Ganzen eine besondere Note. Der Gast trat mit der Kaiserin oder der für sie als Hausfrau fungierenden Erzherzogin ein, es folgten der Kaiser und dann nach Rang und Alter die Erzherzoge, Fürsten und das Gefolge. Nach aufgehobener Tafel hielt der Kaiser mit seinem Gast Cercle und zog sich dann bis zum Besuch der Galavorstellung in einem der beiden Hoftheater zurück.

Die Hofküche

Die Verpflegung der kaiserlichen Familie, ihrer Gäste und der in der Hofburg Beschäftigten fiel in den Aufgabenbereich des dem Obersthofmeister unterstehenden Oberstküchenmeisters. Im Jahre 1912 war das Oberst a. D. August Graf Bellegarde, Geheimer Rat und Kämmerer. In seinem Aufgabenbereich lagen der Hof-Zehrgaden, der Hofkeller, die Hofküche, die Hof-Zuckerbäckerei sowie die Hofsilber- und Hoftafelkammer. Der Zehrgaden, der dem Zehrgadner unterstand, war das Viktualienmagazin der Hofburg. Zum Frischhalten der notwendigen Lebensmittelvorräte, vor allem von Fleisch und Wildbret, stand ein Eiskeller entsprechender Größe zur Verfügung. Er befand sich an der Außenseite des Leopoldinischen Traktes unter dem Heldenplatz. Mit der Errichtung der Neuen Burg wurden zwei überwölbte Räume unter dem Heldenplatz angelegt. Sie waren vom zweiten Keller der Neuen Burg aus zugänglich und mit den damals verfügbaren technischen Einrichtungen ausgestattet, vor allem elektrischer Beleuchtung und elektrisch betriebenen Aufzügen. Durch Einwurfschächte konnte in der kalten Jahreszeit vom Heldenplatz aus in diese Kühlräume das Eis gebracht werden, das dann in den folgenden Monaten langsam schmolz. Der Hofkeller im Leopoldinischen Trakt geht drei Stockwerke in die Erde und beherbergte in zahllosen Fässern Weine vom Tischwein bis zum edelsten Tokayer.

Die im Tiefparterre des Schweizerhofes gelegene Hofküche wurde anläßlich der Vermählung von Franz Joseph mit Elisabeth in Bayern 1854 renoviert und modern eingerichtet. Es standen darin zwei große mit hohen Windschutzdächern überdeckte Herde, die mit Buchenholz geheizt wurden, ein großer Rost sowie ein großer und ein kleiner Spießbrater, daneben offene Feuerungen – sogenannte Windöfen – für Holzkohlenfeuer. Eine Wand schmückte ein lebensgroßes Bild des Kaisers aus der Zeit seines Regierungsantrittes. Damals erhielt auch die Erste Obersthofmeisterin der Kaiserin eine eigene Küche eingeräumt. In den Jahren 1904 bis 1907 wurde die Hofküche um 80 000 Kronen neuerlich umgestaltet und mit den modernsten technischen Einrichtungen ausgestattet.

Bei großen Hoffesten berieten der Oberstküchenmeister, der Hofwirtschaftsdirektor und die Chefköche gemeinsam über die Speisenfolge. Zur Erörterung heikler Fragen der Sitzordnung wurden auch der Hofzeremonielldirektor und der Oberzeremonienmeister beigezogen, die in besonderen Fällen die letzte Entscheidung dem Kaiser überlassen mußten. Wie ein Zeitzeuge berichtete, waren am Tage des Hoffestes schon früh sämtliche Kochmaschinen geheizt und alle Bratspieße in Tätigkeit. Es brodelte und dampfte, zischte und knusperte, Wohlgerüche ausstrahlend. Im großen Küchensaal standen zwei Kochmaschinen, mit denen allein für je zweihundert Personen auf einmal gekocht und gebraten werden konnte. Was fertig war, kam in die darüber befindlichen aus vier bis fünf Etagen bestehenden Rechauds, deren Temperatur je nach Bedarf durch Ventilatoren zu regeln war. Außer diesen Hauptmaschinen, die von sechs Köchen bedient wurden, waren sechs kleinere in Tätigkeit, deren jede in drei Stunden fünf bis sechs Gänge für fünfzig Personen zu liefern imstande war. Es gab Bratpfannen von einer Größe, daß man sie als Badewannen für drei- bis vierjährige Kinder hätte benützen können, und Suppentöpfe von einem Format, daß ein Kind dieses Alters darin hätte stehen können, ohne gesehen zu

Aus der Hofküche. In dem Raum sind gerade 14 Bedienstete an der Arbeit, darunter der Chefkoch Hampel (Dritter von links, mit Haube). An der Rückwand sind die beiden Bratspieße zu sehen.

werden. Die Kochgeschirre waren aus Kupfer, innen verzinnt. Mit der laufenden Instandhaltung und Reinigung dieser Kochgeschirre waren zehn Personen beschäftigt. An fünf ungefähr eineinhalb Meter langen Bratspießen konnten in einer Stunde vierhundert Stück Geflügel gebraten werden. Zwei Köche hatten unaufhörlich das Fett, das von dem Geflügel auf den Spießen tropfte, aufzufangen und die Bratenstücke damit zu übergießen. Die Speisen wurden in beheizbaren Blechkästen von je zwei Lakaien oder Dienern zu den Servierräumen getragen, keine leichte Arbeit bei den weit entfernt gelegenen Speiseräumen, die oft nur über schmale, gewendelte Stiegen und enge Gänge erreichbar waren.

Zur großen Küche gehörten eine Fleischküche, eine Olioküche, die ihren Namen von einer besonders kräftigen Fleischsuppe erhielt, und eine Mehlspeisküche. Daneben gab es eine ebenfalls vollständig eingerichtete kleinere, die sogenannte Mundküche oder Kaiserküche für den Monarchen, seine Familie und sein Gefolge. Sie reichte für rund 30 Personen, wobei hier ein Chefkoch mit vier bis sechs Hofköchen und dem nötigen Hilfspersonal den Dienst versah.

Die Hofzuckerbäckerei, die auch das Frühstück, die Jause und den Tee zu besorgen hatte, lag seit der Zeit Maria Theresias im Erdgeschoß des Leopoldinischen Traktes neben der Burghauptwache. Eine Wendeltreppe, die Zuckerbäckerstiege, die vom Bereich der Hofzuckerbäckerei bis zum 3. Stock führt, erinnert noch an ihre einstige Existenz. Die Hofzuckerbäckerei war vor allem wegen ihrer Leistungen für den *Hofball* bekannt, der von der Hofzuckerbäckerei nicht nur mit Torten, sonstigem Zuckergebäck und Gefrorenem versorgt wurde, sondern auch mit den berühmten *Hofzuckerln*, die jeder Gast in einer originellen Bonbonniere – meist mit Bildnissen von Mitgliedern des Hofes geschmückt – überreicht erhielt.

In der Hofsilber- und Tafelkammer waren nicht nur die Tafelgerätschaften aus Silber, die zahllosen Bestecke, die Stöße von Tellern, die langen ovalen und die runden Schüsseln, die kunstvoll gearbeiteten Aufsätze aufbewahrt, sondern auch eine ganz unschätzbare Sammlung von Altwiener Porzellan und das kaiserliche Goldgeschirr, das in einem besonderen Kasten untergebracht war. Es wurde verwendet, wenn fremde Fürsten beim Kaiser zu Gast waren. Das Goldservice reichte ursprünglich für 80 Gäste. Das Obersthofmeisteramt kam öfter in Verlegenheit, wenn mehr Gedecke erforderlich waren, so daß 100 Goldteller nachgeschafft wurden. Einer dieser Teller wog genau 1 kg und kostete ohne Fasson 2000 Kronen, mit Fasson 2200 Kronen, das entsprach dem Preis für 3000 Bauarbeiterstunden.

Anhang

Die Wiener Hofburg gegen Ende des 20. Jahrhunderts

Bauwerke; Höfe, Plätze und Gärten; Denkmäler, Brunnen und Tore

Die Nummern der im Folgenden angeführten Bauwerke, Höfe, Plätze und Gärten, Denkmäler, Brunnen und Tore beziehen sich auf den Baualtersplan des Vor- und Nachsatzblattes.

Bauwerke

1 ALBERTINA. Erbaut 1801 bis 1804 auf der Augustinerbastei unter Einbeziehung eines Palais' aus dem 18. Jahrhundert und von Teilen des Augustinerklosters nach Plänen des Hofbauarchitekten Louis Montoyer für Herzog Albert von Sachsen-Teschen, Gemahl der Erzherzogin Maria Christine, einer Tochter Kaiserin Maria Theresias.

2 ALTE BURG. Schon 1279 in einer Urkunde König Rudolfs I. als *castrum Wiennense* genannt, wurde sie im Lauf der Zeit vielfach umgebaut und erweitert, insbesondere im 14. Jahrhundert die ursprünglich romanische Burg in gotischen Formen ausgebaut. Im 16. Jahrhundert ließ Kaiser Ferdinand I. nicht nur die Belagerungsschäden von 1529 beheben, sondern veranlaßte auch die Erweiterung und Ausgestaltung der Burg zu einem Renaissanceschloß, das er zu seinem ständigen Wohnsitz wählte. Von Ferdinand I. bis Karl VI. ist die Alte Burg Residenz aller Kaiser des Hauses Habsburg mit Ausnahme Rudolfs II. Später hatte noch Kaiser Franz II. (I.) seine Räume im 2. Stock.

3 AMALIENBURG. Der Bau wurde 1575 für Rudolf II. begonnen, von diesem weitergeführt, aus Geldmangel aber erst Anfang des 17. Jahrhunderts fertiggestellt. In der ursprünglichen Rudolfsburg, die ihren späteren Namen von der Gemahlin Kaiser Josefs I. erhielt, die hier ihren Witwensitz hatte, befanden sich später die Räume von Kaiser Leopold II., Kaiser Ferdinand I., Kaiserin Elisabeth und Kaiser Karl.

4 AUGUSTINERBASTEI. Angelegt im 16. Jahrhundert. Im Jahre 1869 ließ Kaiser Franz Joseph die dem Albertinaplatz zugekehrten Basteimauern nach Entwurf von Moritz von Löhr als monumentalen Wandbrunnen (Danubiusbrunnen) mit Steinfiguren von Johann Meixner ausgestalten.

5 AUGUSTINERKIRCHE. Baubeginn um 1330, Einweihung 1349; Baumeister ist Dietrich Lathner von Pirn. Der Turm von 1652 wurde nach dem Brand von 1848 im oberen Teil durch Paul Sprenger erneuert. Ab dem 17. Jahrhundert war sie Hofkirche für Festgottesdienste und Trauungen. Im rechten Seitenschiff befindet sich das von Antonio Canova geschaffene, 1805 vollendete Denkmal für Maria Christine, Tochter Kaiserin Maria Theresias.

6 AUGUSTINERKLOSTER. Gegründet 1327, bis zum 18. Jahrhundert bau-

lich erweitert. Darin der Bibliothekssaal des Augustinerkonvents mit einem Deckengemälde von Johann Bergl aus dem 18. Jahrhundert, später als Lesesaal der Hofbibliothek ausgestaltet. Im Augustinerkloster befindet sich die Herzgruft, wo in 54 Urnen die Herzen der Mitglieder des Hauses Habsburg von Kaiser Matthias (1557–1616) bis Erzherzog Franz Karl (1802–1878), Vater Kaiser Franz Josephs, beigesetzt sind.

7 AUGUSTINERTRAKT. Errichtet von Nicolaus Pacassi, der zugleich auch den Redoutensaaltrakt umbaute. In beiden Fällen glich er die josefsplatzseitige Fassade an die des Prunksaaltraktes an. Die Stirnmauer und Teile der rechten Seitenmauer der Augustinerkirche sind durch den Bau verdeckt.

8 ÄUSSERES BURGTOR. Errichtet 1821 bis 1824 nach Entwurf von Peter Nobile.

9 BURGKAPELLE. In der 1. Hälfte des 15. Jahrhunderts gegründet. Das Innere wurde oftmals verändert, das Äußere ist von Anbauten aus dem 16. Jahrhundert weitgehend verdeckt.

10 CORPS DE LOGIS. Im Zuge der Errichtung der Neuen Hofburg entstanden und im Todesjahr Franz Josephs vollendet.

11 CORTYSCHES KAFFEEHAUS. Die halbkreisförmige Anlage wurde um 1820 nach Entwurf von Peter Nobile errichtet. Hier konzertierten Komponisten von Johann Strauß Sohn bis Franz Lehar.

12 FESTSAALTRAKT. Dieser Verbindungsbau zwischen Alter und Neuer Burg wurde Anfang des 20. Jahrhunderts begonnen und war ursprünglich für den Thronsaal gedacht, wurde aber erst nach dem Tode Franz Josephs fertiggestellt. Dem Festsaaltrakt ist der Zeremoniensaal baulich eingegliedert, den der Hofbauarchitekt Louis Montoyer für Kaiser Franz II. (I.) in den Jahren 1802 bis 1806 geschaffen hatte.

13 GARTENVERWALTUNGSTRAKT. Errichtet um 1900.

14 GEORGSKAPELLE. Gestiftet 1330. Darin steht der Prunksarkophag für Kaiser Leopold II. von Franz Anton Zauner.

15 LEOPOLDINISCHER TRAKT. Er wurde Mitte des 16. Jahrhunderts von Kaiser Ferdinand I. anschließend an die Alte Burg begonnen, 1660 bis 1667 unter Kaiser Leopold I. bis zur Amalienburg erweitert, 1668 durch Brand zerstört und nach Wiederaufbau 1681 von Leopold I. endgültig bezogen. In den drei Kellergeschoßen befand sich die Hofweinkellerei.

16 MICHAELERTRAKT. Gleichzeitig mit dem Reichskanzleitrakt nach Entwurf Joseph Emmanuel Fischers von Erlach begonnen, wurde er unter Kaiser Franz Joseph in den Jahren 1889 bis 1893 von Burghauptmann Josef Kirschner vollendet. Die Einfahrtshalle zum Burghof ist von einer hoher Kreiskuppel überwölbt.

17 NEUE BURG. Sie ist die teilweise und abgeänderte Ausführung des Entwurfes

von Gottfried Semper und Karl Hasenauer für ein Kaiserforum. Bauleiter waren vor allem Karl Hasenauer 1881 bis 1894, Friedrich Ohmann 1899 bis 1906 und ab 1907 Ludwig Baumann, der den Bau im Äußeren bis zum Ersten Weltkrieg vollendete. Hinter der heldenplatzseitigen Fassade liegt die 130 Meter lange Prunkstiege, davor stehen 20 Steinfiguren, die Hauptepochen und Träger der Geschichte Österreichs veranschaulichend (von links nach rechts): Markomanne, römischer Soldat, Bajuware, Glaubensbote, Slave, fränkischer Graf, Magyare, Kreuzfahrer, Seefahrer, Ritter, Magister, Kaufherr, Bürger, Bergmann, Landsknecht, Wallensteinscher Soldat, Pole, Wiener Bürger, befreiter Bauer, Tiroler.

18 PALMENHAUS. An seiner Stelle stand bis zur Wende des 19. Jahrhunderts ein für Kaiser Franz II. (I.) von Louis von Remy mit Benützung eines Restes der Festungsmauern als Rückwand in den Jahren 1823 bis 1826 erbautes Gewächshaus. Im Zuge der Errichtung der Neuen Burg wurde dieses Gewächshaus 1901 abgetragen und in den folgenden Jahren nach den Plänen Friedrich Ohmanns durch ein Palmenhaus ersetzt.

19 PRUNKSAALTRAKT. Mit Verwendung von Mauern eines unter Kaiser Leopold I. 1681 begonnenen Reitschul- und Bibliotheksbaues wurde er im Auftrag Kaiser Karls VI. von 1723 bis 1726 nach Entwürfen Johann Bernhard Fischers von Erlach sowie dessen Sohnes Joseph Emmanuel errichtet und von Nicolaus Pacassi in den Sechzigerjahren des 18. Jahrhunderts wegen eingetretener Setzungen adaptiert. Der Prunksaal der Hofbibliothek trägt ein Deckenfresko von Daniel Gran, vollendet 1730. In der reich ausgestalteten Büchergalerie sind vor allem die Bestände der Bibliothek des Prinzen Eugen von Savoyen aufgestellt.

20 REDOUTENSAALTRAKT. Durch Umgestaltung eines älteren Theatergebäudes wurden zur Zeit Kaiserin Maria Theresias der Große und der Kleine Redoutensaal geschaffen und 1748 mit einem Maskenball eröffnet. Die Angleichung der Fassade an die des Prunksaaltraktes besorgte Nicolaus Pacassi in den Sechzigerjahren des 18. Jahrhunderts.

21 REICHSKANZLEITRAKT. Er wurde unter Kaiser Karl VI. errichtet. Der Teil gegen die Schauflergasse einschließlich Marschall-, Kaiser- und Batthyanyhof wurde nach den Plänen von Johann Lucas von Hildebrandt 1723 begonnen, der Teil gegen den Burghof von Joseph Emmanuel Fischer von Erlach geplant und 1726 bis 1730 ausgeführt. Der Reichskanzleitrakt ist benannt nach den deutschen Reichsbehörden, die darin bis 1806 ihren Sitz hatten.

22 STALLBURG. Sie wurde unter Kaiser Ferdinand I. Mitte des 16. Jahrhunderts als Residenz für seinen Sohn Maximilian II. erbaut, der sie nach Übersiedlung in die Alte Hofburg als Hofstallgebäude einrichtete.

23 THESEUSTEMPEL. Um 1820 nach Entwurf von Peter Nobile als verkleinerte Nachbildung des Theseions in Athen errichtet.

24 WINTERREITSCHULE. Im Auftrag von Kaiser Karl VI. wurde sie nach Entwurf Joseph Emmanuel Fischers von Erlach 1729 bis 1735 errichtet. Der das ganze Gebäude erfüllende Reitschulsaal war Schauplatz prunkvoller Reiterspiele und Karussells, aber auch – besonders anläßlich des Wiener Kongresses – von Konzerten und Bällen.

Höfe, Plätze und Gärten

25 AMALIENHOF

26 AUGUSTINERHOF

27 BATTHYANYHOF. Ebenso wie die an diesem Hof liegende Batthyanystiege benannt nach dem Erzieher und späteren Obersthofmeister Josefs II., Feldmarschall Karl Fürst Batthyany.

28 BIBLIOTHEKSHOF

29 BURGGARTEN. Er wurde um 1820 als – im Gegensatz zum Volksgarten – privater Hof- oder Kaisergarten angelegt.

30 HELDENPLATZ. An Stelle der mittelalterlichen, im 16. und 17. Jahrhundert ausgebauten, auf Befehl Napoleons I. 1809 gesprengten und dann eingeebneten Befestigungsanlagen wurde er um 1820 als Paradeplatz angelegt.

31 IN DER BURG (früher Burghof, auch Franzensplatz genannt). Dieser von Alter Burg, Amalienburg, Leopoldinischem Trakt und Reichskanzleitrakt umschlossene Hof war einst Schauplatz von Turnieren, Militärparaden, Schlittenauffahrten und anderen Festlichkeiten. An der Seite gegen die Alte Burg befindet sich ein gut erhaltener Teil des Burggrabens.

32 JOSEFSPLATZ. Er war vor der Schaffung von Winter- und Sommerreitschule Pferdetummelplatz. Im 18. Jahrhundert erhielt er durch Angleichung von Redoutensaal- und Augustinertrakt an den Prunksaaltrakt seine einheitliche harmonische Gestalt.

33 KAISERHOF. An diesem Hof liegt die Kaiserstiege, über die Franz Joseph zu seinen Räumen gelangte.

34 KAPELLENHOF. Er ist in der 2. Hälfte des 18. Jahrhunderts durch Überdecken des südöstlichen Teiles des Burggrabens entstanden. In den Hof ragt der Chor der Burgkapelle.

35 KLOSTERHOF. Dieser ehemalige Hof des Augustinerklosters wird teilweise begrenzt von der Georgskapelle. An der Nordseite des Hofes befindet sich eine Sonnenuhr.

36 MARSCHALLHOF. Benannt nach dem Obersthofmarschallamt, das im Bereich dieses Hofes im Reichskanzleitrakt untergebracht war.

37 SCHWEIZERHOF. Der Hof der ältesten Burganlage, seit 1495 gepflastert, ist benannt nach der Schweizergarde, die von Kaiserin Maria Theresia 1758 zur Bewachung eingesetzt wurde.

38 SOMMERREITSCHULE. Sie ist Übungsplatz der Spanischen Reitschule. Im Bereich dieses Hofes befanden sich schon im Mittelalter die besonders

unter Kaiser Ferdinand I. gepflegten Lustgärten der Hofburg, deren Funktion später der Burggarten übernahm. An der Südwestseite ist der Burggraben noch gut erhalten.

39 STALLBURGHOF. Dieser Renaissancehof ist umgeben von Laubengängen in drei Geschossen.

40 VOLKSGARTEN. An Stelle von Befestigungsanlagen aus dem 17. Jahrhundert, die Napoleon I. 1809 sprengen ließ, wurde er nach Plänen von Louis von Remy angelegt und 1823 eröffnet. Im Zuge der Schleifung der Stadtbefestigungen wurde er umgestaltet.

Denkmäler, Brunnen und Tore

41 BRUNNEN IN DER AMALIENBURG. Einst in Betrieb stehender Renaissancebrunnen.

42 BRUNNEN IM SCHWEIZERHOF. Der historisch bedeutsamste Brunnen der Hofburg, der früher Kaiserbrunnen hieß. Er wird schon 1458 namentlich erwähnt. Wie alle Brunnen des mittelalterlichen Wien war er ein Schöpfbrunnen, bevor er durch eine Hofwasserleitung versorgt wurde.

43 BRUNNEN IN DER STALLBURG. Der Steinbrunnen mit kunstvollem Schmiedeeisengitter, bezeichnet 1675, befand sich ursprünglich in der Amalienburg.

44 BRUNNEN IM VOLKSGARTEN. Ausgeführt nach einem Modell von Anton Fernkorn 1866.

45 BRUNNEN IM VOLKSGARTEN. Die Bronzegruppe *Triton und Nymphe* hat Viktor Tilgner 1880 geschaffen.

46 DENKMAL FÜR ABRAHAM A SANCTA CLARA. Das Standbild des Hofpredigers (1644–1709) von Hans Schwarthe wurde 1928 aufgestellt.

47 DENKMAL FÜR ERZHERZOG ALBRECHT. Das Reiterstandbild aus Bronze von Kaspar Zumbusch wurde 1899 enthüllt.

48 DENKMAL FÜR ERZHERZOG KARL. Das Reiterstandbild aus Bronze von Anton Dominik Fernkorn auf einem von Eduard Van der Nüll entworfenen Sockel wurde 1860 enthüllt.

49 DENKMAL FÜR FRANZ GRILLPARZER. Die Marmorfigur des Dichters von Karl Kundmann steht vor einer Reliefreihe mit Darstellungen aus den Werken Grillparzers von Rudolf Weyr in einer von Karl Hasenauer baulich gestalteten Anlage und wurde 1889 enthüllt.

50 DENKMAL FÜR KAISER FRANZ I. STEPHAN VON LOTHRINGEN. Das Reiterstandbild von Balthasar Ferdinand Moll in Bleiguß von 1781 wurde im Jahre 1819 in den Burggarten übertragen.

51 DENKMAL FÜR KAISER FRANZ II. (I.). Das Bronzestandbild von Pompeo Marchesi wurde in den Jahren 1842 bis 1846 errichtet.

52 DENKMAL FÜR KAISER FRANZ JOSEPH. Dieser Abguß eines Standbil-

des von Johannes Benk aus dem Jahre 1904 wurde 1957 im Burggarten aufgestellt.

53 DENKMAL FÜR KAISER JOSEF II. Das Reiterstandbild aus Bronze von Franz Anton Zauner entstand in den Jahren 1795 bis 1807.

54 DENKMAL FÜR KAISERIN ELISABETH. Die Marmorfigur von Hans Bitterlich in einer von Friedrich Ohmann gestalteten Anlage wurde 1907 enthüllt.

55 DENKMAL FÜR PRINZ EUGEN VON SAVOYEN. Das Reiterstandbild aus Bronze von Anton Dominik Fernkorn auf einem von Eduard van der Nüll entworfenen Sockel wurde 1865 enthüllt.

56 DENKMAL FÜR WOLFGANG AMADEUS MOZART. Das Marmorstandbild von Viktor Tilgner wurde am 21. April 1896 im Beisein des Kaisers auf dem Albrechtsplatz enthüllt und 1953 in den Burggarten übertragen.

57 HERKULES MIT DEM LÖWEN. Die Brunnenfigur aus Blei steht im Teich des Burggartens.

58 JUGENDLICHER ATHLET. Das Bronzestandbild von Josef Müllner wurde 1921 errichtet.

59 LÖWELTOR. Benannt nach der Löwelbastei, die der Burg im Bereich dieses Tores vorgelagert war.

60 MICHAELERTOR. Prächtiges schmiedeeisernes Gittertor, flankiert von vier Heraklesgruppen. Es führt unter der Michaelerkuppel in den Burghof.

61 SCHWEIZERTOR. Reich bemaltes Renaissanceportal, datiert 1552 und 1553. Davor befand sich bis ins 18. Jahrhundert eine Zugbrücke, die nachts aufgezogen wurde. Benannt ist das Tor nach der Schweizergarde.

Literaturauswahl

Cachée, J.: Die Hofküche des Kaisers. Wien-München 1985

Corti, E. C. Conte: Vom Kind zum Kaiser. Graz-Salzburg-Wien 1950

Corti, E. C. Conte: Mensch und Herrscher. Graz-Wien-Altötting 1952

Corti, E. C. Conte – Sokol, H.: Der alte Kaiser. Graz-Wien-Köln 1955

Emmer, J.: Sechzig Jahre auf Habsburgs Throne. 2 Bde., Wien 1908

Herzig, M. hgg.: Das Buch vom Kaiser. Wien-Budapest-Leipzig o.J. (1898)

Kastner, R. H.: Die Hofburg in Wien. Wien 1989

Lhotsky, A.: Die Baugeschichte der Museen und der Neuen Burg. Wien 1941

Pascovits, E.: Die Erste Arcièrenleibgarde Seiner Majestät des Kaisers und Königs. Wien 1914

Pauer, H.: Kaiser Franz Joseph I. Beiträge zur Bilddokumentation seines Lebens. Wien-München 1966

Zolger, I. v.: Der Hofstaat des Hauses Österreich. In: Wiener staatswissenschaftliche Studien, Bd. 14. Wien 1917

Namenregister

Die Hofburg in Wien

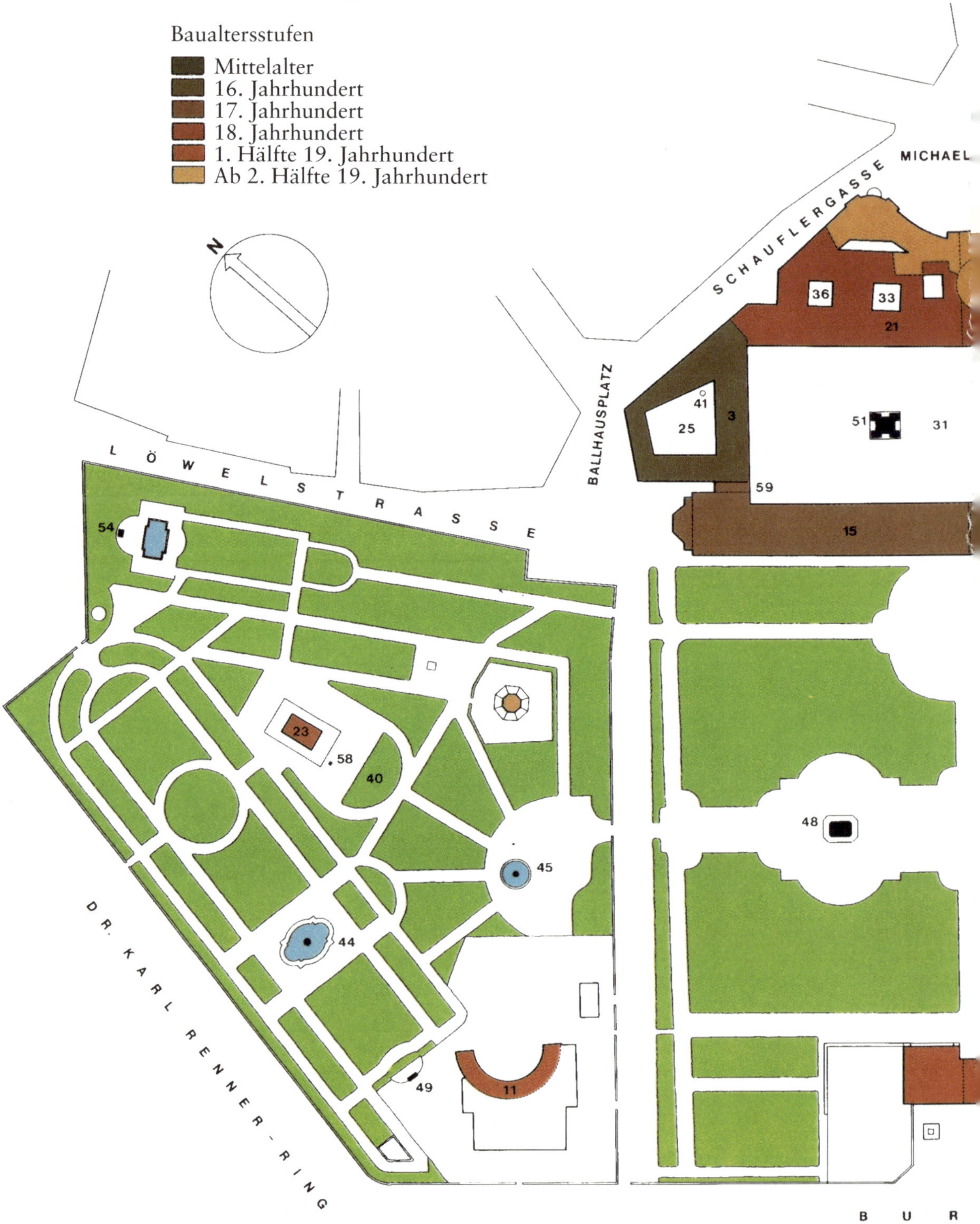